DE LA KIPPA À LA CROIX

Jean-Marie Élie Setbon

DE LA KIPPA À LA CROIX

Conversion d'un Juif au catholicisme

Avec la collaboration d'Astrid de Larminat

SALVATOR
103, rue Notre-Dame des Champs
F-75006 Paris

Yves Briend Éditeur S.A.
103, rue Notre-Dame des Champs. F-75006 Paris
www.editions-salvator.com
contact@salvator-editions.com

Maquette intérieure : Atlant'Communication
Maquette de couverture : Isabelle de Senilhes

ISBN : 978-2-7067-0994-4

À la mémoire de tous mes frères et sœurs juifs
qui ont fait le saut dans le Christ
et plus particulièrement au cardinal Lustiger,
le Rabbin David Drach, François Libermann,
et Hermann Cohen.

À la mémoire de ma mère.

À la mémoire de ma première femme, Martine.

À ma femme Pétronille.

À mes huit enfants, Rachel, Déborah, Rébecca,
Myriam, Raphaël, Gabriel, Louis et Nathanaël.

À mon saint patron

Toi, saint Jean l'évangéliste,
Toi qui as reposé sur le cœur de notre Dieu et Sauveur Jésus,
Toi qui fus son bien-aimé,
Je me remets sous ton patronage, sous ta protection.
Jean signifie Dieu compatissant,
Mais dans ton nom, il y a aussi le mot grâce, la grâce divine,
Ainsi toi, saint Jean, qui as eu cette grâce
divine de reposer sur le cœur de Dieu,
Toi qui as un cœur compatissant,
Toi qui as vu le Verbe et qui nous l'as annoncé,
Toi qui t'es converti au Christ, à ce qu'il est et représente,
Toi qui nous as donné
L'évangile,
Les lettres,
L'Apocalypse,
Prie pour moi
Pour que je sois toujours davantage enfant de Dieu,
Que je me convertisse toujours plus chaque jour,
Que je devienne toujours plus ton petit frère,
Pour que ce livre, qui témoigne de ce que Jésus a fait et
de ce qu'il continue à faire dans ma vie, puisse toucher le
cœur de chaque personne qui le lira.

Amen

Je m'appelle Jean-Marie Élie Setbon. Je suis Juif, converti au Christ. J'ai été baptisé dans l'Église catholique le 14 septembre 2008. Je suis veuf, remarié, père de huit enfants.

Avant-propos

Saint Paul, mon cher compagnon de route, a été retourné par le Christ en trois jours sur le chemin de Damas. Moi, Jésus m'a travaillé au corps pendant plus de trente ans ! Depuis que je suis petit garçon, alors que je ne connaissais rien à Dieu ni à la religion puisque ma famille ne pratiquait pas, Il m'attire à Lui. Il y a cinq ans, enfin, Il m'a donné le coup de grâce qui m'a permis de faire le grand saut de la Torah à l'Évangile. Voilà ce que je vais raconter dans ce livre, l'histoire de ma vie avec Dieu. Quand je la relis, je me dis que c'est une histoire de fou. « Ce qu'il y a de fou dans le monde, voilà ce que Dieu a choisi » : c'est saint Paul qui le dit. Dieu lui-même ne se comporte-t-il pas de façon complètement folle dans l'Ancien et le Nouveau Testament, par exemple, lorsqu'Il demande à son prophète Osée d'épouser une prostituée ? « Ce qui est folie aux yeux des hommes est sagesse aux yeux de Dieu », écrit le même saint Paul.

D'aussi loin que je me souvienne, j'ai toujours été attiré par Jésus, à tel point qu'à l'adolescence j'ai voulu me convertir au christianisme. Pourtant je savais que cela ferait scandale chez les miens parce que lorsqu'un Juif se convertit, sa famille, même si elle n'est pas religieuse, le vit comme une trahison. Les voies de Dieu sont mystérieuses : je voulais être chrétien et je suis devenu Juif ultra-orthodoxe puis Juif hassid. Mon cœur me portait vers Jésus mais ma tête s'y refusait et mon identité juive me travaillait. Un jour, enfin, au terme d'un long cheminement, Dieu a levé un voile devant mes yeux. Alors là, tout s'est éclairé, il m'a donné une intelligence « nouvelle » et je voyais les choses sous un jour différent. Ce livre raconte une conversion, mais surtout l'histoire d'un homme qui a lutté très longtemps contre le Dieu de Jésus qui l'attendait et lui faisait signe.

De nombreuses personnes à qui j'ai raconté mon parcours m'ont encouragé à écrire ce livre. De toute façon, comme l'ont dit les apôtres Pierre et Jean aux prêtres qui les avaient arrêtés et voulaient leur interdire de prononcer le Nom de Jésus, il m'est impossible de ne pas parler de ce que j'ai vu et entendu ! Cela me brûle de partager cette découverte du Dieu de Jésus qui a changé ma vie, de la partager largement, pas seulement aux personnes qui assistent aux conférences que je donne sur les Écritures. Cela fait cinq ans que je me suis converti au Christ ; le moment est venu de témoigner ouvertement, sans peur. Je me sens, intérieurement, poussé à le faire.

J'adresse ce témoignage à tous mes frères. D'abord à ceux qui se disent non-croyants mais qui sentent qu'au fond d'eux-mêmes, ils cherchent Dieu sans le connaître. Je pense à certains qui hésitent à faire une démarche religieuse parce que cela les couperait de leur milieu familial ou intellectuel ou parce qu'ils ont peur de l'Église catholique, soit qu'ils en aient une mauvaise image à travers ce qu'en rapportent les médias, soit que leurs parents catholiques leur aient transmis une vision étriquée et faussée de l'Évangile, soit qu'ils imaginent que l'Église veut les enfermer, les empêcher d'être humains, alors que c'est tout le contraire ! Je pense également à ceux qui en veulent aux chrétiens du mal qu'ils ont commis tout au long de l'histoire, j'y reviendrai.

J'adresse aussi ce livre à mes frères juifs, qui m'ont mis au ban de la communauté juive quand ils ont su que je m'étais converti, sans chercher à comprendre comment j'avais pu franchir ce pas, et commettre cette transgression inimaginable pour le Juif ultra-orthodoxe hassid que j'étais, auquel on avait enseigné à détester Jésus. Ils ont pensé que j'étais en colère contre le Dieu des Juifs à cause des épreuves que j'avais traversées : mais non ! Mon cas n'est pas exceptionnel. De nombreux Juifs se sont convertis, à commencer par les premiers apôtres. J'espère que mes frères juifs de chair auront la curiosité ou me feront l'amitié de me lire pour essayer de comprendre, alors que c'est si déchirant d'entendre dire ou prétendre que j'aurais trahi la foi de mon peuple, alors que j'aime le judaïsme dans toutes ses composantes et de toutes mes fibres.

Ce livre, je l'ai écrit enfin pour mes frères chrétiens. J'espère qu'il ravivera leur foi en leur faisant toucher du doigt la chance qu'ils ont de connaître ce Dieu qui les aime, qui les aime tels qu'ils sont, ce Dieu qui se laisse approcher et aimer, dans une relation personnelle, et pas seulement par l'observance des lois, bien que celles-ci aient leur importance. Car c'est bien cela le cœur du christianisme, ce que Jésus a révélé, cette relation d'amour entre Dieu et chacun d'entre nous et qui change notre façon de vivre avec nos frères. De cela, je veux témoigner. Je ne peux pas le taire.

Je ne savais même pas que j'étais Juif

Je suis né le 10 juin 1964 à l'hôpital Lariboisière à Paris. Mes parents m'ont prénommé Jean-Marc. Jean comme mon grand-père maternel, et Marc parce que ma mère trouve que Jean tout court, ça fait un peu vieillot... Sans le savoir, mes parents m'ont donné le nom de deux évangélistes. J'y vois bien sûr un clin d'œil de la Providence ! D'ailleurs, est-ce un hasard si, étant malade, je ne suis pas circoncis le huitième jour, comme le demande la loi juive ? Je suis circoncis à l'âge d'un an. C'est mon grand-père, Jean, qui est mon parrain. Je ne sais pas quel prénom hébreu on m'a donné à cette occasion, ni même si on m'en a donné un.

C'est peut-être difficile à croire, mais pendant plusieurs années, j'ignore totalement que je suis Juif ! Et je vais l'apprendre d'une manière assez inattendue. Un jour, à l'école, je me mets à traiter un de mes camarades de « sale juif ». La maîtresse me punit très sévèrement ! Je trouve sa réaction un peu démesurée, je ne comprends pas qu'elle soit aussi fâchée. Pour moi, il s'agit d'une insulte comme une autre ! En rentrant à la maison, je raconte à ma mère ce qui s'est passé. Elle me regarde et elle me répond simplement: «Jean-Marc, tu es Juif.» Point à la ligne. Quoi, moi je suis Juif? Mais qu'est-ce que ça veut dire «Juif»?

En fait, je vis dans une famille juive assimilée, comme on dit. Ma mère ne célèbre jamais les fêtes juives et nous donne à manger du jambon et des pâtes, comme à n'importe quel petit Français! À la maison, il n'y a aucun livre ni objet juif. Mon père entretient certes quelques traditions mais il ne nous explique pas ce qu'elles signifient si bien que, pendant longtemps, je ne sais pas qu'elles ont un rapport avec la religion. C'est le cas par exemple de la Mézouza qui est accrochée sur le linteau de notre porte d'entrée. Je ne me suis jamais vraiment demandé de quoi il s'agissait. Ce n'est que beaucoup plus tard, en devenant pratiquant, que j'apprendrai que la Mézouza est un petit parchemin enserré dans un étui sur lequel sont inscrits des versets de la Torah. Les Juifs la placent sur le côté droit de la porte d'entrée de la maison en signe de protection. Cela fait mémoire de la dernière plaie d'Égypte, quand Moïse dit au peuple hébreu d'apposer du sang d'agneau sur le linteau et sur le montant de la porte afin que l'ange exterminateur qui devait tuer tous les fils aînés épargne leur maison.

Le vendredi soir, au début du shabbat, mon père dit la prière du kiddouch, mais un kiddouch un peu simplifié à vrai dire. Il met la kippa et dit une prière qui dure cinq ou dix minutes, mais je ne sais pas ce qu'elle veut dire. Pour nous, les enfants, c'est un temps solennel rien de plus. Nous sentons seulement que ce n'est pas le moment de chahuter! Plus tard, bien plus tard, je réciterai moi-même le kiddouch qui est la prière de sanctification du jour de shabbat que les Juifs pratiquants disent le vendredi soir en rentrant chez eux. Quand le père de famille revient de la synagogue, la mère l'accueille en allumant les bougies. Toute la famille chante les chants de shabbat, le « Shalom Aleichem » notamment. On lit ensuite le passage des Proverbes du roi Salomon, chapitre 31, verset 10 : « Qui peut trouver une femme vertueuse ? Elle a bien plus de valeur que les perles. Le cœur de son mari a confiance en elle, [...]. » On récite alors la prière du kiddouch proprement dite – un mot qui vient de kaddoch, qui signifie être saint, être séparé. On sanctifie ainsi le shabbat qui témoigne du jour où Dieu a achevé Sa Création. Ensuite, on prie sur le vin (et sur le jus de raisin pour les enfants), on procède aux ablutions en se lavant les mains avec le keli, et on bénit le pain. C'est l'hala, un pain brioché confectionné spécialement pour le shabbat[1]. Mais, à la maison, on ne respecte pas tout ce rituel. On ne peut pas dire non plus que mon père fasse réellement shabbat puisqu'il se rend parfois à Paris le samedi en empruntant les transports en commun. Il ne va jamais à la synagogue. En fait, je crois que la religion ne l'intéresse pas.

Quand j'ai sept ans, mon frère aîné commence à préparer sa bar-mitsva. Il suit des cours de Talmud Torah mais il n'en parle pas à la maison et mes parents

1. Ce pain fait mémoire des pains dits de « proposition », les douze pains offerts autrefois au nom des douze tribus d'Israël chaque jour de shabbat par le prêtre et qu'il était le seul autorisé à manger le samedi suivant. Le roi David, un jour qu'il était affamé, avait enfreint l'interdit, ce que Jésus rappela aux rabbins qui reprochaient à ses disciples d'arracher des épis de blé le jour du shabbat (Marc 2, 23-38).

ne l'interrogent jamais sur ce qu'il apprend ! Le jour de la cérémonie, nous nous levons très tôt, à 6 heures du matin, et nous revêtons nos plus beaux habits. Je sens qu'il s'agit d'un événement important. Nous nous rendons à la synagogue et mon frère lit en hébreu les rouleaux de la Torah. Ensuite, nous retournons à la maison où mes parents ont organisé une fête. Je ne mesure pas vraiment ce que tout cela signifie. Ce n'est que deux ans plus tard que je vais réellement prendre conscience de qui je suis, en surprenant le visage angoissé de ma mère devant la télévision. Elle regarde les informations. Je peux lire la peur dans son regard. Des tanks avancent dans le désert, des Arabes entrent en Israël : c'est la guerre de Kippour de 1973. J'ai neuf ans et pour la première fois, je me sens une appartenance au peuple juif ! Ce sentiment est teinté d'inquiétude, celle de voir l'État d'Israël disparaître.

Un jour, à onze ans, je demande à ma mère : « Un de mes copains de classe reçoit son correspondant allemand chez lui en ce moment ; est-ce que je peux les inviter tous les deux à la maison ? » Aussitôt, elle me répond d'un ton très sec : « Non, c'est un Boche. » Qu'est-ce qu'un Boche ? Je vais devoir attendre l'année suivante pour le savoir. Cela peut paraître curieux, mais jusqu'à ce que j'entre en classe de cinquième, je n'ai jamais entendu parler des camps d'extermination ! Ma mère ne nous a jamais raconté ce qu'elle a vécu quand elle était petite. Cependant, sans jamais la verbaliser, elle nous a transmis une peur, la peur du peuple juif, obligé depuis toujours de lutter pour survivre. Quel mystère que ce petit peuple, après tout ce qu'il a vécu de pogroms et de persécutions dans les pays chrétiens et musulmans, et même bien avant, soit encore vivant, alors que les grands empires qui ont dominé le monde, la Grèce, l'Égypte, Rome ont été engloutis !

Petit à petit, en grandissant, je découvre mes origines familiales. Je suis ashkénaze par ma mère, séfarade par mon père. Mon grand-père maternel a immigré de Roumanie et a trouvé refuge en France au tout début du XXe siècle. Il a combattu dans l'armée française pendant la Première Guerre mondiale si bien qu'à sa mort, en 1966, il fut enterré au cimetière militaire de Bagneux. Ma grand-mère maternelle, elle, était d'origine polonaise. En 1939, ma mère avait sept ans. Sa famille vécut à Paris pendant toute la durée de la Deuxième Guerre mondiale. Mon grand-père a été arrêté à plusieurs reprises mais miraculeusement relâché à chaque fois ! Quand une rafle se préparait, le commissaire de quartier l'avertissait pour qu'il puisse se cacher avec ses six enfants (quatre filles et deux garçons). Dans leur immeuble, personne ne les a jamais dénoncés non plus. J'imagine que c'est à cause de ce qu'elle a vécu pendant ces années-là, que ma mère, sans être du tout pratiquante, revendique si fortement son identité juive, contrairement à mon père.

Je n'ai pas beaucoup connu mon grand-père maternel. Il est mort quand j'avais deux ans. Nous allons régulièrement rendre visite à ma grand-mère chez elle, rue Alfonse Carr à Paris. Ma mère et elle ont de longues discussions en yiddish. Pour moi, ce sont des conversations de grandes personnes. Mais je me dis que si elles parlent yiddish, c'est pour qu'on ne les comprenne pas, et je me demande bien ce qu'elles veulent nous cacher! Après la guerre, mes grands-parents maternels ont laissé tomber le peu de traditions qu'ils avaient conservées en arrivant en France. Je n'ai donc pas reçu d'héritage religieux de ce côté-là. La seule tradition que ma mère ait gardée de ses parents est culinaire: elle nous prépare du chou farci.

Mon père est né en 1929 en Tunisie. À la fin des années 1940, vers l'âge de dix-huit ans, il est venu passer des vacances en France et il y est resté. Ses parents l'ont rejoint par la suite. Nous allons souvent déjeuner chez mes grands-parents paternels, ils habitent au métro Ledru-Rollin. Mon grand-père est très chaleureux. Il a toujours un grand sourire sur le visage quand il nous ouvre la porte. Il joue souvent à la belote avec nous. Ma grand-mère, en revanche, est plus réservée mais elle nous cuisine de bons petits plats méditerranéens: du bouillon de pois chiches en hiver, des salades de navets et de carottes, et bien sûr, le couscous que ma mère a appris à cuisiner avec elle. J'aime beaucoup mes grands-parents mais je ne sais pas grand-chose d'eux. Ils ne parlent jamais de la Tunisie. D'ailleurs, cela ne m'est jamais venu à l'idée de questionner mon père sur sa jeunesse: on ne parle pas beaucoup de soi dans ma famille. Mes grands-parents mangent casher mais, ça, je ne le saurai que bien plus tard. Transmettre les traditions juives qu'ils perpétuent ne semble pas être une priorité pour eux non plus.

Un petit Juif des cités

Pendant les premières années de mon existence, j'habite avec mes parents, mon grand frère et ma grande sœur dans un petit deux pièces, rue du Faubourg Poissonnière à Paris. Un escalier étroit conduit à notre appartement. Les toilettes et la douche, que nous partageons avec les voisins, se trouvent sur le palier. Puis, petit à petit, ma mère réussit à convaincre mon père de déménager. Ça n'a pas été facile mais elle est tenace ! C'est elle qui s'occupe de tout ce qui a trait à la maison et qui prend les initiatives concernant la famille. Elle se rend donc à la mairie pour demander un autre logement.

C'est ainsi que quelque temps plus tard, après la naissance de mon petit frère, elle m'emmène visiter notre nouvel appartement en avant-première ! Il se situe à la Courneuve dans une barre flambant neuve de la cité des 4000. En arrivant à la cité, je suis fasciné par la sensation d'espace qui se dégage ! En effet, ça me paraît tellement immense par rapport au vieux quartier parisien où nous habitions jusqu'ici. C'est aussi très propre. Cette cité de la Courneuve, appartient aux HLM de la Ville de Paris, c'est pourquoi elle est si bien tenue. Nous n'avons même pas le droit de marcher sur les pelouses ! Nous croisons des gardiens qui se promènent avec leur chien. En découvrant notre nouvel appartement, je suis émerveillé : c'est vaste et clair. À mes yeux, c'est un vrai palace ! Notez bien un dernier détail qui sera déterminant dans ma vie : de la fenêtre de ma chambre, je vois la basilique du Sacré-Cœur de Montmartre.

C'est ici que va naître ma petite sœur. Une quinzaine d'années plus tard, cette barre où je vais grandir sera la première à être détruite pour être remplacée par des immeubles plus petits, un événement qui sera largement médiatisé. Je suis heureux dans cette cité où je vais passer mon enfance et mon adolescence. Certes, la population change au fil des années. Mais jamais je ne ressens aucune forme de racisme ou d'antisémitisme, ni de rivalités entre communautés. Nous organisons des matchs de foot où s'affrontent les équipes juives et les équipes musulmanes mais tout cela se déroule dans une ambiance de franche camaraderie. Quelquefois, nous mélangeons les communautés et nous constituons des équipes par bâtiments.

À la Courneuve, tout le monde sait que nous sommes Juifs, d'ailleurs, ma mère ne s'en cache pas. Pourtant, nous n'entretenons pas de liens avec les autres familles juives de la cité. En revanche, nous avons des amis musulmans. Un soir, mon frère s'est coincé une arête de poisson dans la gorge ! C'était la panique ! Nous sommes vite allés sonner à la porte de notre voisin de palier, un médecin juif, pour lui demander de l'aide. Il est venu aussitôt et lui a sauvé la vie ! Mais, malgré cet épisode, nous ne cultivons pas de relations particulières avec lui.

C'est ma mère qui s'occupe de nous et qui prend les décisions qui nous concernent. Elle garde aussi d'autres enfants à la maison pour gagner un peu d'argent. Ce n'est pas une mère très affectueuse mais elle me rassure. Elle « tient la baraque », comme on dit ! C'est une femme dévouée qui ne se plaint jamais. Le samedi, elle va faire les courses au marché d'Aubervilliers qui se trouve à deux kilomètres de chez nous. Il m'arrive d'aller la rejoindre pour l'aider à porter les sacs. C'est elle qui programme nos vacances, démarche les agences, surveille notre scolarité et remplit les papiers administratifs. Mon père, quant à lui, part tôt le matin et rentre tard le soir. Il est maroquinier et travaille pour la grande entreprise de cuir Pourchet, rue du Faubourg du Temple. Il ne communique pas beaucoup avec nous. Un jour, il m'a emmené au cinéma avec mon frère voir *Règlements de comptes à O.K. Corral*, avec Burt Lancaster et Kirk Douglas, mais c'était exceptionnel !

Un enfant pas comme les autres

Je suis un petit garçon très introverti. Je n'ai jamais entendu parler de Dieu et pourtant je Lui parle. Je lui dis « mon Dieu ». « Mon Dieu », c'est celui qui est là, et à qui je peux parler à l'intérieur de moi. J'aime être seul. En vacances, je préfère me promener seul, regarder la mer, l'horizon, là où il n'y a rien, que le silence. L'infini m'attire, et d'abord à travers les paysages. La nuit, je contemple la lune, longuement, en silence, et je médite sur ce qu'il y a derrière. Dieu, au commencement, je l'ai cherché dans le ciel. Ma mère se moque gentiment de moi : « Qu'est-ce que tu cherches dans le ciel ? Jean-Marc, tu planes ! » Elle dit que cette attirance pour le ciel correspond à mon signe du zodiaque, les Gémeaux, qui volent. Souvent, le soir, je regarde le Sacré-Cœur par la fenêtre de ma chambre. Je rêve de vivre dans un petit village de montagne, avec son église et son curé, comme dans la série Heidi que j'adore. Pour moi, c'est un lieu idéal. C'est étrange, ce n'est pourtant pas du tout l'image que les Juifs se font d'un paradis terrestre !

J'ai une bonne bouille et les cheveux longs, comme beaucoup d'enfants des années 1970. Je suis joyeux, je ris beaucoup. Je vis dans mon petit monde, un peu à part, mais ça ne m'empêche pas d'avoir des camarades. Mon meilleur ami, Y., qui est en classe avec moi, habite au quinzième étage de notre immeuble. Il est Musulman. Notre amitié est très forte. Sa famille sait que je suis Juif mais je suis toujours très bien reçu chez eux. Sa mère est pratiquante et porte le foulard. Elle fait la prière cinq fois par jour et observe le Ramadan. Mais avec Y., nous ne parlons pas de religion. Nous sentons que nous sommes différents et nous n'aimerions pas nous fâcher. Pendant la guerre de Kippour, nous ne parlons pas d'Israël. Nous nous amusons bien tous les deux. Y. est très fort en judo et moi je suis inscrit au club de handball. Et bien sûr, nous jouons au foot, nous parlons foot. Le soir, nous traînons tous les deux dans la cité, avec une bouteille de coca-cola à la main.

À bien des égards, je suis un enfant comme les autres. J'aime les westerns, les films policiers et les chansons qui passent à la radio. Je collectionne les timbres. Mais la seule chose qui me passionne vraiment à part Dieu, c'est le foot ! Je suis « à fond », comme on dit. J'y joue dehors, et je regarde, parfois seul, les matchs à la télévision. Je connais tous les clubs par cœur. J'adore Jean-Michel Larqué, Rocheteau, Curkovic. Je regarde les coupes du monde et les coupes d'Europe. En août, quand nous sommes en vacances en Vendée, le championnat recommence. J'attends les matchs du mercredi soir avec impatience. Je me rappelle Saint-Étienne contre Kiev ! Et le match Saint-Étienne/Le Bayern, 0-1 : je revois le coup franc qu'ils ont marqué à la première mi-temps ! Et Saint-Étienne/Liverpool :

c'était à Liverpool, Keegan a lobé Curkovic, le gardien stéphanois, à la deuxième mi-temps. On a marqué par un tir de cinquante mètres de Bathenay, qui a lobé Klemens, le gardien de Liverpool. Saint-Étienne a perdu mais le but de Bathenay, à cinquante mètres, du pied gauche, était magnifique !

À l'école, c'est moins la joie et ça rend ma mère absolument folle ! J'aime la récréation et j'ai de nombreux camarades mais mes résultats sont mauvais. Je n'aime pas la façon dont l'école est organisée, cette façon très méthodique de procéder, le fait qu'il faille travailler pour avoir de bonnes notes. Tout ça, vraiment, ne me paraît pas essentiel. En fait, je n'étudie que ce qui m'intéresse : je lis les livres de maths et de physique ! En français, par contre, je suis nul.

Un jour, la maîtresse convoque ma mère et lui dit : « Jean-Marc se moque de moi. Il est intelligent mais il fait semblant de ne pas comprendre. Aujourd'hui, il a eu une mauvaise note à son contrôle de maths. Je l'ai fait passer au tableau pour la correction et là, il m'a donné toutes les réponses sans hésiter ! » Je vois bien que ma mère est hors d'elle. Que s'était-il passé dans ma tête ? Je crois que je ne voyais vraiment pas l'intérêt de faire un contrôle : je regardais par la fenêtre !

Il paraît que je suis dyslexique. Alors, ma mère m'emmène chez l'orthophoniste. Là-bas, je fais des jeux. C'est très amusant mais je ne suis pas certain que ça m'aide beaucoup ! Ma mère se fait du souci pour moi et elle s'occupe plus de moi que des autres. Du coup, mes frères et sœurs pensent que je suis son préféré.

Les lumières de Noël

À l'école, ce que j'aime par-dessus tout, c'est la fête de Noël. La neige, le sapin dans la classe. Je trouve cette ambiance merveilleuse ! J'aimerais tellement avoir un sapin à la maison. Même adulte, Noël sera toujours ma fête préférée. Jésus ne dit-il pas de redevenir enfant, l'enfant de Dieu, pour entrer dans son royaume ? C'est cela qu'exprime la fête de Noël. Dieu passe par le sensible. Et ma sensibilité à Noël rejoint pour moi l'importance de l'Incarnation. Dieu s'est fait homme, en chair et en os, avec un cœur d'homme qui pleure, qui souffre, qui aime, qui se réjouit. Est-ce que j'ai conscience que Noël est une fête religieuse chrétienne ? Oui, certainement. On nous a expliqué à l'école que les chrétiens commémorent la naissance de Jésus. C'est ainsi que j'ai su plus ou moins qui était Jésus.

Curieusement, ma mère, qui ne célèbre aucune fête juive comme je l'ai dit, réunit tous ses frères et sœurs le soir de Noël. C'est sa manière à elle d'être Française ! Elle se lève pendant la nuit pour disposer nos cadeaux dans le salon. En revanche, il n'est pas question d'installer un sapin à la maison ! C'est impensable : pour elle, le sapin est un symbole chrétien. Ces réunions de famille sont toujours très chaleureuses. Il y a les deux frères de ma mère et leurs enfants, mes cousins, que nous voyons d'ailleurs régulièrement. Ils m'apportent des cadeaux. Je suis très lié avec une de mes tantes, la femme du frère de ma mère. Je sens qu'elle m'aime bien, je ne sais pas pourquoi. Elle me gardera toujours son affection : plus tard, elle me soutiendra quand je voudrai partir pour Israël contre l'avis de mes parents. Ma mère a aussi une sœur, Marie, mais elle n'est pas invitée. Elle vit aux États-Unis. J'ai compris, en surprenant des conversations, qu'elle est devenue catholique et que ma mère l'a reniée. Mais c'est un sujet tabou. Tout cela me laisse perplexe : pourquoi fête-t-on cette fête chrétienne alors qu'on n'a pas le droit de prononcer le nom de ma tante parce qu'elle est devenue catholique ?

Un soir de Noël, ma mère m'envoie acheter du pain à la boulangerie. J'y vois un beau prétexte pour aller faire un petit détour du côté de l'église. Je m'y rends tranquillement, en essayant de garder l'air détaché pour ne pas qu'on me demande ce que je trafique. Quand j'arrive devant la porte, je jette discrètement un œil à l'intérieur. Les battements de mon cœur s'accélèrent : j'ai tellement envie d'y entrer !

Jésus, mon meilleur ami

C'est en Bretagne, pendant les vacances d'été, qu'a lieu ma première rencontre avec Jésus. J'ai huit ans et, dans ma chambre, une croix est accrochée au mur. Et là, c'est inexplicable, je suis attiré par le Christ ! Pourtant, je ne sais même pas qui Il est ! Bien sûr, je reconnais la croix qu'on voit sur le clocher des églises, le lieu où se réunissent les chrétiens, mais je n'y vois rien de très précis. Je deviens complètement obsédé par cette croix qui m'attire à elle comme un aimant. Dans la journée, je retourne souvent dans ma chambre et je reste là, à la contempler ! Évidemment, j'y vais quand je suis seul, pour ne pas être surpris par les autres. Je sais bien que ma famille n'est pas chrétienne et j'ai vaguement l'impression de transgresser quelque chose. Mais c'est plus fort que moi : devant la croix, je me sens tellement bien que je pourrais y rester des heures !

L'été suivant, nous partons en vacances aux Sables-d'Olonne. Sur les routes de Vendée, je remarque, à chaque carrefour, d'immenses calvaires, très imposants. Je suis subjugué ! Alors, en cachette, après le déjeuner, pendant que les autres font la sieste, je vais me promener pour rencontrer l'homme sur la croix.

Dès que j'arrive à un calvaire, je m'arrête et le vide se fait autour de moi. Je reste planté là, à regarder le Christ. Je suis complètement sous le charme ! Je l'admire, je le contemple, je l'aime. Il m'arrive de lui parler, mais pas toujours. Ensuite, quand je retourne à la maison où nous séjournons, je m'allonge sur le large mur qui borde la terrasse et, les bras en croix, je pense à Jésus.

Déjà à cette époque, je sens que Jésus m'appelle. Et moi, je le cherche ! Quand je suis chez moi, à la Courneuve, la nuit, j'attends que tout le monde s'endorme et là, dans le silence que j'aime tant, au pied de mon lit, je fais mon signe de croix, lentement. J'adore faire le signe de croix. Toute la journée, j'attends ce rendez-vous ! Je suis comme amoureux du Christ sur la croix, cette croix qui deviendra pourtant un scandale à mes yeux quand je serai Juif orthodoxe. Petit garçon, cette attirance, qui vient du plus profond de mon cœur ou de mon âme, je ne la définis pas. Je ne suis en contact avec aucun chrétien qui pourrait m'expliquer ce que représente la croix. Mais je ne me pose pas encore de questions. Je me contente de le vivre. Je peux passer des heures à regarder un crucifix. Ce que je vis en présence de Jésus sur la croix est exceptionnel. À aucun moment, je n'associe la croix à la souffrance ou au sang (même si, objectivement, Jésus souffre). Je ne vois même pas ce qu'elle représente : ce que je ressens est d'un autre ordre. J'ai vraiment l'impression d'être en contact avec une personne. Il s'agit d'une présence divine, très puissante, qui pardonne, qui réconcilie, qui donne la paix et qui m'apporte un bien-être intérieur profond. C'est comme si j'étais devant la porte du Ciel ! Mais tout cela reste secret, dans mon cœur d'enfant.

Je vais garder ce secret pendant trente ans ! Avec le recul, je m'interroge : « Pourquoi, Seigneur, suis-je tombé amoureux d'un objet de répugnance pour mon peuple, pourquoi ? » Cette question me taraudera longtemps. « La grâce fait feu de tout bois ! », dit-on. Un jour que je lui racontais ma vie, une amie m'a cité cette réplique d'Audiard : « Heureux les fêlés, ils laissent passer la lumière. » Si c'est ce que certains pensent, cela ne me trouble pas ! Saint Paul, lui, a dit : « Ce qu'il y a de fou dans le monde, voilà ce que Dieu a choisi pour confondre les sages ; ce qu'il y a de faible dans le monde, voilà ce que Dieu a choisi pour confondre ce qui est fort » (1 Corinthiens 1, 27). Ce qui est merveilleux c'est qu'on ne pourra jamais tout expliquer : il y aura toujours ce mystère entre nous et Dieu. Car Dieu est insondable, et tout ce que l'intelligence humaine peut en dire n'est qu'une goutte d'eau en comparaison de son immensité ! En me rappelant ces moments de mon enfance avec le Christ, je comprends mieux ce que Jésus a dit : « Si vous ne redevenez pas des enfants, vous ne pourrez pas entrer dans le royaume de Dieu. » L'enfant est entier, sans détour, il fait confiance à sa voix intérieure. L'orgueil, la colère, la raison, n'ont pas encore étouffé ce filet de voix pur.

Peu à peu, je me mets à rêver d'entrer dans une église. En CM2, je pars en classe de neige, à Méaudre, près de Grenoble, pendant dix jours. Je me sens si bien dans ce village, avec son église, dans les montagnes ! Le dimanche, la maîtresse propose aux élèves qui le souhaitent de se rendre à la messe. Je brûle d'envie d'y aller mais je n'ose pas lever la main.

Peu de temps après, avec ma famille, nous allons à Estepona, près de Malaga, en Espagne, pour rendre visite au frère de mon père qui vit là-bas. Il est marié avec une catholique. C'est à cette occasion, à l'âge de onze ans, que pour la première fois, avec ma cousine, j'entre dans une église. Je suis émerveillé : elle est pleine de superbes crucifix ! J'ai très envie de m'asseoir pour pouvoir tout admirer, dans les moindres détails, mais je me retiens : je ne veux pas montrer mon attirance. Nous ne restons que cinq minutes.

Cela m'émeut de repenser à tout ça. C'était tellement fort, pur, évident. Ça n'était que de l'amour.

Escapade au Sacré-Cœur de Montmartre

À l'âge de douze ans, comme tout garçon juif, je commence à préparer ma bar-mitsva. C'est une cérémonie par laquelle un garçon devient adulte sur le plan religieux. Quand on a fait sa bar-mitsva, on est responsable de l'accomplissement des commandements de la Torah. Je me rends donc tous les mercredis et dimanches au Talmud Torah, avec mon livre d'hébreu et un cahier. Chaque cours dure quatre heures mais, contrairement à l'école, ça ne me pèse pas du tout. Là-bas, j'apprends à déchiffrer l'alphabet hébraïque puis à lire des textes de la Bible. Nous avons des enseignements sur la Genèse et les patriarches (Abraham, Isaac, Jacob), sur l'Exode et Moïse ainsi que sur l'histoire juive (Josué, David, la déportation à Babylone…). Nous devons également connaître le sens des fêtes juives, les prières et la Loi.

Ces cours m'intéressent énormément ! J'aime étudier la Bible. À ce moment de ma vie, je suis comblé par le judaïsme, je n'ai pas besoin d'autre chose. Quand on relit l'histoire de la conversion de saint Paul, on voit bien qu'il était un Juif épanoui et un pharisien heureux. Moi, c'est pareil! Cet enseignement suscite également en moi beaucoup de questions sur ma famille: pourquoi ma mère ne mange-t-elle pas casher? Pourquoi ne suivons-nous pas les traditions juives? Et puisque nous sommes finalement si peu juifs, pourquoi n'a-t-on pas le droit de prononcer le nom de Jésus chez nous?

Quoi qu'il en soit, cette découverte du judaïsme n'interfère en rien avec mon attirance pour le Christ. Je conserve au plus profond de moi le désir de pousser la porte d'une église et de me retrouver à l'intérieur. Comme Alice qui passe de l'autre côté du miroir, je rêve d'entrer dans cette autre dimension. Petit à petit, je décide de passer à l'action. Mais ce n'est pas rien: je suis conscient des risques que j'encours si jamais j'étais pris sur le fait. En effet, si mes parents découvraient que je suis attiré par Jésus, je sais qu'ils entreraient dans une colère noire! Ils ne voudraient ni m'écouter ni essayer de me comprendre, ils ne percevraient absolument rien de l'intensité et de la beauté de ce que je suis en train de vivre. Au contraire, ils feraient tout pour m'éloigner de cette source de vie qui se donne à moi. Mon secret serait dévoilé et ridiculisé. Ce serait une catastrophe!

Pourtant, je suis prêt à prendre le risque et je commence à élaborer un plan. Il n'est pas question que j'entre dans l'église qui se trouve près de chez moi. Quelqu'un pourrait m'apercevoir et le rapporter à mes parents. Je décide alors de me rendre au Sacré-Cœur, un dimanche après-midi. C'est suffisamment loin de chez moi et assez vaste pour que je puisse me noyer dans la foule et passer inaperçu.

C'est donc par un dimanche ensoleillé que je mets mon plan à exécution. Je prends le train à La Courneuve jusqu'à la Gare du Nord. Tout se bouscule dans ma tête. Je suis très angoissé à l'idée de croiser une personne que je connais et qui me demanderait où je vais. Et en même temps, je me sens enfin exister. Je suis plus heureux que jamais et je suis conscient que je suis en train de commettre un acte capital. Je descends à la station de métro Barbès et je demande à un passant la direction du Sacré-Cœur. Ça y est, j'y suis. Je monte lentement les marches, rempli d'émotion. J'ai tellement attendu ce moment que je veux le savourer. Alors, je prends mon temps, je regarde. Je suis rassuré parce qu'il y a beaucoup de monde. Je suis la foule, comme un touriste.

En entrant dans la basilique, je suis d'abord surpris par l'obscurité qui y règne. L'intérieur me paraît sombre par rapport à celui des synagogues. Tant mieux, ainsi je ne risque pas d'être repéré ! Je me sens bien, la peur a disparu. Je ne pense pas particulièrement à Dieu. Je suis comme un petit enfant qui découvre, émerveillé et infiniment joyeux, les lumières de Noël. Je regarde partout, je cherche des yeux un crucifix. Soudain, j'ai une drôle de sensation. Je me sens si bien dans cette église, je me sens comme chez moi. Pourtant, c'est à la synagogue que je devrais me sentir bien. Peu importe ! Je voudrais que ce moment ne s'arrête pas. Je fais plusieurs fois le tour de la basilique. Il flotte comme une odeur de parfum. J'aime cette odeur. Je suis heureux. Je suis chez moi, enfin chez moi !

Sur le côté gauche, le long de l'allée, à droite, j'aperçois une Vierge à l'enfant. Je me sens attiré. J'ignore qui elle est exactement mais je sais qu'elle a un lien avec Jésus. Puis, je vais m'asseoir et je le regarde, lui, sur la coupole, en croix. Je ne pense plus à rien, je veux simplement demeurer en sa compagnie. Je ne le connais pas mais lui me connaît. Je ne veux pas partir. Finalement, je dois bien me résoudre à quitter le Sacré-Cœur mais je le vis comme un arrachement. Je demande à Dieu: «Pourquoi tant de déchirements?» Mais en même temps, je suis rempli d'une joie intérieure profonde. «Je ne cherche qu'une seule chose, habiter la maison du Seigneur», comme dit le psaume. Avant de sortir, je vais faire un tour dans la boutique, je regarde les magazines et surtout les crucifix. J'aimerais bien en acheter un pour le porter à mon cou mais je n'ai pas d'argent.

En rentrant chez moi, je prends la décision de revenir régulièrement au Sacré-Cœur. Ainsi, tout au long de la semaine, à l'école, je pense à mon rendez-vous du dimanche. En attendant ce moment, chaque soir, quand toute la maison est endormie, je me relève et je me mets à genoux au pied de mon lit. Je fais mon signe de croix, je visualise le Christ et je lui dis que je l'aime. C'est sans aucun doute le plus beau moment de ma journée! De plus en plus, je ressens le besoin de confier tout cela à quelqu'un. Alors, je décide d'écrire à une fille de ma classe parce que je sais qu'elle est catholique. Sa mère tient la librairie où je vais acheter les journaux pour mon père, à côté de l'église. Je griffonne ces quelques mots sur un papier: «J'aime le Christ, Jésus. Est-ce que tu peux m'aider?», et je le dépose dans sa boîte aux lettres. Quelques jours plus tard, comme elle ne m'a toujours pas répondu, je vais la voir dans la cour de l'école:

— Est-ce que tu as reçu mon mot ?
— Oui.
— Pourquoi tu ne m'as pas répondu ?
— Parce que je ne vois pas ce que je peux faire pour t'aider…

Désormais, je retourne au Sacré-Cœur une fois par mois. Je me promène, je m'assois, je regarde de tout mon soûl. À chaque fois, la même sensation de bien-être m'envahit. Un jour, je m'approche d'une religieuse pour lui parler. Mais au dernier moment, je renonce, je n'ose pas. Une autre fois, je fais le chemin de Croix, à genoux. À chaque station, je regarde les images, captivé.

Ma première communion

Nous sommes en décembre et j'aurai bientôt treize ans. Dans quelques mois, je vais faire ma bar-mitsva. C'est dimanche, et une fois de plus, j'arrive dans la basilique du Sacré-Cœur. Je m'assois, dans les premiers rangs, comme à mon habitude. Soudain, l'orgue se met à jouer. Je n'ose plus bouger. J'entends comme des clochettes : c'est la messe qui commence ! Je ne sais pas trop ce qui va se passer mais je reste là. J'entends les lectures qui me sont familières : l'Ancien Testament, le psaume. À un moment, les gens qui m'entourent, des hommes et des femmes de tous âges, des enfants, se lèvent et s'avancent vers l'autel, et se mettent à genoux le long de la balustrade qui les séparent du prêtre. Puis, ils reçoivent de ses mains dans leur bouche quelque chose, j'ignore ce que c'est !

Et là, je me sens littéralement poussé intérieurement à me lever et à me mettre en rang pour aller moi aussi recevoir cette nourriture dont j'ignore totalement la nature et le sens. Cependant, je m'inquiète un peu parce que je ne sais pas comment m'y prendre. J'ai peur que le prêtre me repère si je ne fais pas comme il faut ! Je vois que les gens murmurent quelque chose avant de recevoir la divine hostie dans leur bouche mais je n'arrive pas à entendre ce qu'ils disent. Alors, je me place au bout de la rangée, à droite, et je tends l'oreille. Quand je m'aperçois qu'ils répondent « amen », je me sens très soulagé. « Ouf, ce n'est pas compliqué, c'est un mot de chez nous ! », me dis-je.

C'est ainsi que, aussi incroyable que cela puisse paraître, je communie pour la première fois sans le savoir au corps du Christ ! Et cela, quelques mois avant de m'engager dans l'obéissance au Dieu de la Torah et sans aucun problème de conscience ! Après avoir reçu l'hostie, je me sens rempli d'une grande joie. Je quitte la basilique, vraiment heureux ! Pourtant, en apparence, il ne s'est rien passé d'extraordinaire ni de miraculeux. Mais déjà, je sens en moi le désir de recommencer ! À partir de ce moment, l'eucharistie devient pour moi comme une drogue ! Voilà encore une folie de Dieu. Il me pousse à communier alors que l'Église ne le permet normalement pas tant qu'on n'est pas baptisé. Comme les voies du Seigneur sont déroutantes ! Bien sûr, il faudra un jour que je prenne du temps pour essayer de comprendre pourquoi le Seigneur m'a fait emprunter ce chemin et communier à Lui à ce moment de ma vie.

Les mois passent, au cours desquels je communie régulièrement et en juin, comme prévu, je fais ma bar-mitsva. Enfin, pour tout dire, je la fais sans la faire. En effet, comme mon père n'a pas assez d'argent pour payer un rabbin qui se rende à la synagogue, lise la Torah et fasse une grande fête comme cela s'est passé pour mon frère, il m'emmène dans une synagogue parisienne dont il connaît le rabbin, et nous faisons le strict minimum : je mets le grand châle que l'homme juif revêt tous les jours pour la prière du matin, je dis la bénédiction sur les phylactères et sur le châle, je récite le Shema Israël, « Écoute Israël, l'Éternel est notre Dieu, l'Éternel est unique », et c'est fini. Je ne dis rien mais je n'en pense pas moins. Je suis terriblement énervé d'avoir une bar-mitsva au rabais ! Heureusement, mes parents ont tout de même invité de la famille à la maison et je reçois quelques cadeaux : mon oncle, le frère de ma mère, m'offre un bureau (qui deviendra plus tard celui de ma fille Déborah) et mon père m'offre une montre. Je reçois également un appareil photo et de l'argent. Je suis gâté mais je reste très frustré à cause de la manière dont s'est déroulée la grande cérémonie.

J'ai reçu en tout cent cinquante francs. Je songe immédiatement à la boutique du Sacré-Cœur. Je vais enfin pouvoir m'acheter une croix ! Je pense avec effroi à ce qui se passerait si mon père, ma mère, mes frères ou mes sœurs la découvraient, et pourtant je suis déterminé ! Je ne sais d'où me vient cette force. Est-ce que je suis irresponsable ? Peut-être, et alors ? Je vais donc acheter ma croix, une grande croix dorée de quatre centimètres. Je la porte en cachette autour du cou sous ma chemise et, toute la journée, je la touche. Je n'en reviens pas moi-même : c'est incroyable, je porte une croix ! Le soir, je la dissimule sous mon oreiller. J'éprouve beaucoup de bonheur à avoir toujours Jésus avec moi. Mais en même temps, je vis continuellement dans la peur d'être découvert. Le matin, au réveil, je crains que ma croix ne soit tombée par terre, je crains de l'oublier sous mon oreiller et que ma mère, en faisant mon lit, ne la découvre.

Et ce qui devait arriver arrive. Pendant les grandes vacances, en Vendée, je me réveille un matin et je m'aperçois que ma croix a disparu. Paniqué, je la cherche partout, sous mon lit, sous le matelas : rien à faire, je ne la retrouve pas. Je suis cuit ! Quelques instants plus tard, mon frère la découvre et l'apporte à ma mère. Mon cœur bat à cent à l'heure. Je sens que le scandale va éclater ! J'écoute, de loin, la conversation :

— Maman, j'ai trouvé ça sous le lit de Jean-Marc !

— Montre-moi… Ça doit appartenir aux locataires précédents.

Ouf, j'ai eu chaud ! Dans le tiroir du bureau que mon oncle m'a offert, il y a une sorte de double fond. J'y cache des cartes postales qui représentent une église surmontée d'une croix. Plus tard, quand je partirai en Israël, je les emmènerai avec moi pour ne pas qu'on les découvre et, là-bas, je les jetterai.

Quand je vais à la messe, au Sacré-Cœur, j'entends lire l'Évangile. Je comprends vite qu'il s'agit d'un livre qui parle de la vie de Jésus. Avide de mieux connaître le Christ, je décide de m'acheter le Nouveau Testament. Je choisis un exemplaire en format de poche, avec une couverture souple sur laquelle sont représentées des montagnes bleues et orange. Je suis si heureux d'en avoir un à moi ! J'ai l'impression de détenir un trésor ! Dès que j'en ai l'occasion, c'est-à-dire le plus souvent dans le métro en me rendant à l'école, je me plonge dans les textes avec avidité, comme je lirais un livre d'histoires. L'évangile de saint Jean est mon préféré. Je commence à l'apprendre par cœur. J'ai une lecture contemplative : en lisant, je me lie à la personne de

Jésus. Mais, pour le moment, je ne me pose pas la question de la mise en pratique de Sa parole.

À partir de la classe de cinquième, je suis scolarisé dans un établissement juif qui se trouve loin de chez nous. C'est dans cette école que, parallèlement à ma découverte de Jésus, j'apprends à mieux connaître le judaïsme et que je me passionne pour cet univers. C'est là aussi que je commence à prier et à pratiquer la Loi juive.

Juif ou chrétien ?

Si ma mère m'a inscrit dans cette école privée juive, c'est parce que mes parents ont peur que je devienne un voyou. La décision a été prise le jour où la police est venue sonner à notre porte. Avec ma bande de copains, j'avais lancé des pierres et cassé les carreaux de la fenêtre d'une maison. C'est la goutte d'eau qui a fait déborder le vase. Mon père m'a passé un beau savon !

Dans ce nouveau collège, je suis heureux et je travaille mieux qu'avant. En fait, paradoxalement, mon attirance pour le christianisme me pousse à m'intéresser de plus près à la religion de mes pères. J'étudie l'histoire juive, la Bible, l'hébreu. C'est tout un monde qui se révèle à moi. Pour la première fois, j'entends parler de la Shoah et cela éveille en moi un fort nationalisme. Je me mets à ressentir un grand amour pour Israël. Je me découvre une identité, une appartenance au peuple juif, mon peuple. Je sais que la France, pour une grande part, a collaboré à l'arrestation de Juifs. Pourquoi alors ma mère est-elle restée en France ? Dès lors, à cause de l'histoire des Juifs, jalonnée de persécutions, je me mets à percevoir les non-Juifs comme des ennemis potentiels. C'est ainsi que je finis par adhérer au sionisme religieux.

C'est difficile à comprendre, mais la présence divine que je ressens au Sacré-Cœur n'a rien à voir avec le Dieu que j'apprends à connaître à l'école. À l'école, j'invoque Dieu, avec les prières juives. Le soir, seul dans ma chambre, quand je m'agenouille au pied de mon lit et que je fais mon signe de croix, c'est bien plus qu'une « simple » prière : c'est une relation, un rendez-vous avec quelqu'un. Le vendredi et le samedi matin, je vais à la synagogue. Le dimanche, au Sacré-Cœur. Au départ, je ne le vis pas comme un conflit mais petit à petit, oui, cette double vie devient insupportable. Je sens que le Christ et la Torah sont antinomiques. Alors, à l'âge de quinze ans, je décide de tout dire, de faire un scandale.

C'est ainsi qu'après mûre réflexion, je me rends au Sacré-Cœur, bien décidé à ouvrir mon cœur à un prêtre. Je me sens très angoissé et troublé. Mais, je ne reculerai pas, je ne ferai pas marche arrière ! En entrant dans la basilique, j'ai peur, mon cœur bat à tout rompre. J'ai conscience d'avoir pris une décision capitale, irréversible. Mais, c'est plus fort que moi, je veux me convertir et devenir prêtre. Je mesure l'ampleur du scandale que va engendrer ce choix et je l'assume. Je n'ai qu'un désir : être chrétien ! Je m'assois dans la nef, je Le regarde et je Lui parle. Puis, je prends mon courage à deux mains et très vite, pour ne pas changer d'avis, je me lève et je vais m'agenouiller dans un confessionnal. Mon cœur bat à cent à l'heure. Je fais mon signe de croix et j'attends. Je peux entendre mon cœur cogner dans ma poitrine. Enfin, le prêtre s'adresse à moi :

— Je vous écoute mon fils.

— Je suis Juif et je veux être chrétien.
— Qu… Quoi ?!

Je répète avec une plus grande fermeté, une plus grande confiance : « Je suis Juif et je voudrais me convertir. » Ça y est, je l'ai dit. Pendant quelques secondes, je me sens tellement heureux ! Une grande paix m'envahit. Mais cet état de béatitude ne dure pas. Il semblerait que le Seigneur ait décidé que le moment ne soit pas encore venu pour moi de me convertir. En effet, le prêtre sort du confessionnal comme un diable de sa boîte ! Il me regarde, l'air paniqué, et il me dit : « Ne bougez pas, attendez-moi. Je reviens ! »

Il s'en va vers la droite, en direction de la sacristie, en me laissant planté là, seul. C'est horrible ! Un sentiment de détresse s'empare de moi. Pourquoi n'a-t-il pas compris que j'attendais qu'il me prenne par la main et m'emmène avec lui à la sacristie ? N'a-t-il pas réalisé l'effort surhumain que je viens de faire pour venir lui parler ? L'attente me paraît interminable et ma tête se remet à penser. Ma raison reprend le dessus, elle me dit que je suis en train de faire une énorme bêtise, que je ne peux pas trahir mon identité juive. Soudain, je n'en peux plus : je me lève et je m'en vais, perturbé. Le prêtre est-il revenu ? Je ne le saurai jamais.

Je suis désemparé. Mais malgré tout, je continue à me rendre chaque dimanche au Sacré-Cœur. J'assiste régulièrement à la messe et je communie au corps du Christ. Dans ces moments-là, je ne pense plus à rien, je me sens bien. J'ai toujours en moi le fort désir de me convertir mais je me dis que, pour y parvenir, il faudrait que ça se passe très vite et que je n'aie pas le temps de réfléchir ! Cette double vie va durer jusqu'à mes dix-huit ans.

Juif et chrétien…

Entre quinze et dix-huit ans, je deviens petit à petit Juif pratiquant. En appliquant la Loi juive, j'introduis dans ma vie quotidienne ce Dieu qui a toujours été au cœur de mes pensées. Désormais, je vis dans un univers divisé en deux parties : il y a d'un côté les païens et de l'autre les Juifs. Progressivement, cela m'amène à me couper du monde. En effet, comme je mange casher, par exemple, je ne peux plus déjeuner chez des non-Juifs. De même, je décide d'arrêter le handball car les matchs ont lieu le samedi.

À la maison, ces changements rendent l'atmosphère électrique ! Je porte la kippa et je prends mes repas à part. J'ai ma propre vaisselle casher. Je prépare tout seul mon repas de shabbat à base de charcuterie et de chips et, le samedi, quand ma mère allume la télévision, je quitte la pièce et je vais dans ma chambre. Le mardi et le vendredi, je me rends seul à la synagogue. Mes parents voient tout cela d'un très mauvais œil ! Un jour, mon père s'est mis à taper du poing sur la table en s'exclamant : « Il n'y aura pas de rabbin à la maison ! » Ma mère aussi est fermement opposée à ce que je devienne religieux. C'est rude pour eux ! En fait, en pratiquant la Loi qu'eux n'appliquent pas, je leur montre implicitement comment ils auraient dû se comporter. D'une certaine manière, cela inverse la relation normale selon laquelle les parents sont supposés enseigner aux enfants ce qu'il convient de faire. De plus, il m'arrive souvent de me disputer violemment avec ma sœur aînée. En effet, elle sort avec un «*goy*», un non-Juif. Alors, je lui fais la morale. Il nous arrive de parler politique. Elle est d'extrême-gauche, fait du théâtre et se rapproche idéologiquement des mouvements pro-palestiniens. Cela me rend fou! Je n'accepte pas qu'elle aille à l'encontre du peuple juif. Imaginez l'ambiance!

Petit à petit j'ai aussi pris mes distances avec mes copains, y compris avec mon meilleur ami, Y. L'été de mes quinze ans, alors que je ne portais pas encore la kippa ni ne mangeais casher, je suis parti en vacances avec lui en Algérie. Nous avons pris le train tous les deux jusqu'à Marseille, puis le bateau. Sa grande sœur qui habite à Alger nous a accueillis. Puis, peu de temps après, un vendredi soir, alors que nous regardions la télévision chez lui, nous sommes tombés par hasard sur une émission qui parlait de l'islam. Un Français expliquait pourquoi il était devenu musulman. Ce témoignage m'a beaucoup interpelé. Si bien que, par la suite, j'ai lu le Coran, de A à Z, bien avant de lire la Bible que je ne connaissais encore que par fragments. L'été suivant, nous sommes repartis ensemble à Ibiza, avec mon grand frère et le sien. Mais malgré tout, progressivement, nous nous sommes éloignés. J'ai commencé à porter la kippa, à ne plus sortir ni le vendredi soir ni le samedi parce que je fais shabbat, à ne plus prendre de repas chez lui parce que je mange casher. La Loi juive m'a coupé de lui. Mais lui aussi, de son côté, a du mal à accepter que je sois devenu juif religieux. Je le comprends, c'est naturel : on a tendance à s'associer avec des personnes qui partagent les mêmes valeurs que soi. Moi-même, à l'école juive, je me suis fait de nouveaux amis qui ont les mêmes intérêts que moi. Néanmoins, en y repensant, je me dis qu'on devrait apprendre à aimer chacun comme il est et non pas comme on voudrait qu'il soit. Voilà ce que Jésus nous demande en tout cas. Il nous apprend à aimer tout le monde, même ceux qui ne partagent pas les mêmes idées que nous. Il nous demande même d'aller plus loin et d'aimer ses ennemis. Saint Paul dira : « Bénissez ceux qui vous font du mal. »

Je me sens partout comme un cheveu sur la soupe. Je vis comme dans un monastère intérieur au milieu des autres. Ce n'est pas que je n'aime plus les relations humaines mais je m'aperçois que je n'ai plus les mêmes centres d'intérêt que les autres. Mes anciens copains me font des reproches : « On ne peut plus parler foot avec toi ! » En effet, j'aime encore le foot, mais ce n'est plus ma passion première. Ce qui m'intéresse, c'est la Bible, Israël, ma relation à Dieu. Je ne l'ai pas décidé, ça s'est fait tout seul. J'ai juste dit oui à cette passion avec Jésus. Mon rêve est d'être avec le Christ. C'est exactement comme dans une grande histoire d'amour. On ne pense plus qu'à la personne dont on est amoureux et on oublie les amis et la famille. Et si la famille s'oppose à cet amour et que l'on doit faire un choix, on choisit celle qu'on aime. La seule chose que je dis à Jésus, c'est que je l'aime. C'est une relation exclusive d'un bien-aimé au bien-aimé. Comme dans le Cantique des Cantiques. Du coup, ça ne me tente pas du tout d'aller en boîte de nuit flirter avec des filles, comme le font mes copains et mon frère. Les filles, ça viendra plus tard.

Peut-être suis-je un mystique précoce ? Je n'en sais rien. Je découvre que Dieu m'aime et que je l'aime. Je suis pour le moment dans une relation bilatérale. Plus tard, je comprendrai que Dieu m'aime aussi à travers les autres et qu'il me demande de l'aimer en aimant les autres. Quand Dieu s'adresse à Saul, il lui dit : « Pourquoi me persécutes-*tu* ? » Saul pourtant ne persécutait pas Dieu *directement*, il persécutait les chrétiens ! Mais quand on persécute un enfant de Dieu, c'est à Dieu qu'on fait du mal. Dieu est ainsi fait qu'il a choisi d'avoir besoin de chacun d'entre nous pour exprimer son amour. Ce que vous faites à chacun, c'est à moi que vous le faites, dit-il. Mais à cette époque, je n'en suis pas encore là.

D'un côté il y a Jésus, et de l'autre, Israël. À l'école, je participe à un concours biblique. Le premier prix est un voyage en Israël. Je suis tellement motivé que je gagne. Je remporte haut la main le concours sur les textes bibliques ! Cependant, mes parents refusent que j'y aille. Ma mère prétexte qu'il y a la guerre et que c'est trop dangereux. Je ne comprends pas qu'elle m'empêche de réaliser ce rêve. Je suis triste.

À dix-huit ans, ma scolarité est terminée. J'ai bien réfléchi : si je suis à ce point attiré par Dieu, mieux vaut le chercher dans ma propre religion. Je ne souhaite pas suivre une formation rabbinique en France. Je veux aller à la source même, en Terre Sainte. Je décide donc de partir en Israël. Au début, ma mère n'approuve pas du tout mon choix. Cependant, contre toute attente, elle finit par admettre que je m'en aille : peut-être a-t-elle compris l'appel sioniste ? Ou bien peut-être est-elle soulagée, d'une certaine manière, que je quitte la maison où mon engagement religieux cause bien des complications. Quoi qu'il en soit, c'est elle qui m'offre le billet d'avion et qui règle les frais de séjour de ma première année là-bas.

C'est ainsi que je sacrifie l'amour du Christ pour Israël. Je vais y rester pendant huit ans. Au terme de la première année, je demande la nationalité israélienne. Je rejette la France. Israël est notre pays, à nous les Juifs. Je suis en pleine quête identitaire. Je ne comprends décidément pas que ma mère soit restée en France après la guerre de 1940-45. Pour moi, les Français étaient des collabos. Ce n'est que plus tard que je découvrirai que nombre de chrétiens et de prêtres français ont sauvé des Juifs ainsi que des Français et des Françaises tout court.

Israélien et rabbin

Me voilà dans l'avion pour Israël. Nous sommes en 1982, j'ai dix-huit ans. Je pars dans le cadre d'un programme sioniste, Bneï-Akiva, qui s'échelonne sur trois années : une première année dans un kibboutz, une deuxième dans une yeshiva et la troisième dans l'armée. Nous sommes toute une bande d'amis et amies de mon école et nous retrouvons des filles et des garçons juifs qui viennent de Marseille, de Lyon et de Belgique. À notre arrivée, nous passons d'abord un mois à l'Oulpane, dans un village appelé Hadera, dans le district d'Haïfa. L'Oulpane est un programme du ministère de l'Éducation mis en place dès la fondation de l'État d'Israël et destiné aux nouveaux immigrants, et même aux touristes juifs. Nous apprenons des rudiments d'hébreu, nous faisons nos prières. On nous promène un peu partout en Israël pour nous faire découvrir le pays. Au cours de ce premier mois, je me fais de nouveaux amis qui viennent de tous les pays et je flirte avec une Juive anglaise. Eh oui, même en Israël, les petites Anglaises ont la cote !

Ensuite, nous partons pour le kibboutz. Le nôtre se situe en pleine campagne, près de la frontière jordanienne. Ce n'est pas loin non plus du Jourdain où Jésus a été baptisé, mais cela, bien sûr, je ne le sais pas encore. Au loin, on aperçoit les montagnes de Moab, décrites dans la Bible. Nous sommes une trentaine de jeunes, quinze garçons et quatre filles, et nous partageons la vie des familles. Nous menons une vie assez spartiate mais très libre, joyeuse et chaleureuse. Nous sommes encadrés par deux moniteurs, un homme et une femme, chargés de nos activités et de notre formation. Les matinées sont consacrées à l'étude de l'hébreu, de la philosophie juive, de la Bible et du Talmud. Nous faisons nos prières. Parfois, nous partons en excursion. Le reste du temps, je travaille la terre, et là, dans les champs, mon côté solitaire et contemplatif se réveille. Nous devons installer de gros tuyaux d'arrosage le long des semis de carottes. J'aime ce travail de plein air parce qu'il me permet de contempler Dieu dans ces paysages incroyables. Il m'arrive souvent de m'arrêter en plein travail, sur le tracteur, et de respirer à pleins poumons en regardant autour de moi. Je suis heureux comme un enfant. Régulièrement, les autres m'interpellent : « Élie, Élie, qu'est-ce que tu fais ? » Oui, Élie, parce qu'en arrivant en Israël, je me suis choisi un prénom juif. J'en ai fini avec Jean-Marc. Le soir, notre formation continue. Nous sommes tenus de lire ou de regarder à la télévision les informations israéliennes, même si dans les premiers temps nous n'y comprenons rien. L'objectif est justement de nous familiariser avec la langue, et, effectivement, j'apprends l'hébreu très rapidement. Après quoi, nous discutons de sujets religieux ou politiques. Nous ne sommes pas toujours d'accord. Par exemple, certains d'entre nous pensent qu'il faudrait rendre les territoires et d'autres, non. Parmi nous, il y a des jeunes de gauche et de droite, un joyeux mélange. En ce qui me concerne, je me reconnais dans le parti sioniste religieux de droite, le Mav Dal.

Au sein du kibboutz, nous avons chacun une famille adoptive à laquelle nous pouvons nous adresser si nous avons besoin de quelque chose. La femme du couple qui m'accueille est d'origine française ; l'homme vient de Roumanie. Je vais de temps en temps prendre le café avec eux, ou partager leur repas au réfectoire. Pour la fête de Pourim, très festive, qui commémore le sauvetage miraculeux des Juifs lorsqu'ils étaient déportés en Perse, épisode raconté dans le livre d'Esther, je me suis déguisé et j'ai trinqué avec le mari. Mais c'est avec mes camarades que je passe la plupart de mon temps. J'ai tissé des liens d'amitiés fraternels avec eux. Au travail et pendant les heures d'étude, garçons et filles sont mélangés. Même si nous logeons dans des bâtiments séparés, la nuit, nous faisons des batailles d'eau avec les filles ou nous barbouillons leur chambre de dentifrice. L'ambiance est très potache. Nous disposons de grands espaces et de temps libre. J'ai une petite amie, D., avec laquelle je voudrais me marier. On partage les mêmes idées politiques et on se plaît.

Et le Christ, pensez-vous ? Tant que je suis entouré de Juifs, je n'y pense pas. Mais, comme une passion amoureuse qu'on a décidé d'oublier et qui se réveille au quart de tour quand quelque chose l'évoque de près ou de loin, je repense à Jésus lorsqu'on part en pèlerinage à Jérusalem. Mon attirance pour Lui est intacte. Je suis comme aimanté mais j'essaie de résister. C'est une curieuse sensation. Pendant cette année au kibboutz, nous nous promenons beaucoup dans le nord d'Israël et, à chaque fois, j'ai envie d'entrer dans les villages arabes de Galilée parce que je sais que j'y trouverai des chrétiens.

Je suis si heureux au kibboutz que j'envisage même d'y passer le reste de ma vie. J'aime cette vie communautaire qui me libère de tout souci matériel. Cependant, mon objectif est d'apprendre beaucoup et d'enseigner ensuite. C'est pourquoi je vais partir dans une yeshiva, un centre d'étude de la Torah et du Talmud, tandis que certains de mes amis vont participer à des travaux d'intérêt général dans des villes de développement.

À l'école de la Torah

C'est ainsi qu'au bout d'un an, je refais mes bagages pour m'installer cette fois-ci dans la banlieue d'Hébron en Cisjordanie, où se trouve la yeshiva sioniste religieuse de Kiryat Arba.

L'un des tout premiers jours, je décide de sortir seul du yichouv, l'implantation juive, pour me rendre au tombeau des patriarches, Abraham, Isaac et Jacob, qui se trouve dans la ville d'Hébron. Je suis heureux de cette promenade. À mon retour, à ma grande surprise, je me fais vivement rappeler à l'ordre ! On me fait comprendre que j'ai pris un grand risque en allant seul, avec ma kippa, dans la ville d'Hébron qui fourmille d'Arabes ! J'y étais allé en toute innocence, je n'avais pas du tout conscience du danger. Par la suite, lorsque nous allons à Hébron, nous sommes toujours accompagnés par des hommes armés. Les Musulmans, je les vois dans les rues mais je n'ai aucun contact avec eux. Les Palestiniens, pour moi, c'est juste une notion. Pendant cette première année à la yeshiva, j'entends les avions qui nous survolent, j'entends aussi parler de la guerre du Liban mais je ne m'y intéresse pas vraiment. L'étude de la Torah me requiert totalement. Toutefois, je n'ai pas rompu avec mon amie D., nous sommes toujours « ensemble », comme on dit. On se voit quand on peut, on se téléphone.

L'ambiance à la yeshiva n'est pas du tout la même qu'au kibboutz. En effet, la relation avec les autres étudiants, jeunes et moins jeunes, passe uniquement par l'étude de la Torah. L'atmosphère est malgré tout très chaleureuse. Le responsable de la yeshiva, d'origine américaine, est très accueillant. Régulièrement, nous allons prendre des repas dans des familles israéliennes de l'implantation et je suis toujours impressionné de l'entraide qui règne entre elles. L'esprit de solidarité est fort ! La France, quant à elle, me semble très loin. Avec mes camarades, nous n'en parlons que très rarement. Implicitement, nous avons tous fait le choix de nous installer en Israël.

À l'école des paras

Comme je l'ai déjà dit, à l'issue de mon séjour au kibboutz, j'ai demandé la nationalité israélienne. Après une année passée à la yeshiva, il est donc temps pour moi de m'acquitter de mes obligations civiques. Je pars ainsi faire mon service militaire, dans les parachutistes, comme simple soldat. Et là, pardonnez-moi l'expression, c'est « galère » ! Je me rends compte que, jusqu'ici, j'ai vécu dans un cocon.

Nous commençons par six mois de classes. On nous confronte à toutes sortes de situations plus éprouvantes les unes que les autres. On dort la nuit par terre sous la pluie. On marche sans s'arrêter de six heures du soir à six heures du matin. On est réveillés en pleine nuit pour aller courir et au retour, on prend une douche sans lumière. On apprend à courir dans le sable avec notre attirail. Les officiers courent avec nous, devant nous même, et nous apprennent à développer une volonté incroyable. Grâce à eux, je découvre quelles ressources psychologiques insoupçonnées je suis capable de déployer, à tel point que, pendant ces longs mois, pas une seule fois je ne crains de ne pas être à la hauteur. En fait, la seule chose dont j'ai peur, c'est de ne pas comprendre les ordres parce que les officiers parlent à toute allure et que l'hébreu n'est pas vraiment ma langue natale ! Cet entraînement forge la volonté et soude les amitiés. Pour la première fois, je fais connaissance avec des Israéliens non religieux. Face aux difficultés, nous faisons corps.

À la fin des classes, au mois de décembre, on nous envoie à Bethléem pour surveiller la messe de minuit. À cette époque, Bethléem est sous l'autorité d'Israël qui doit, par conséquent, en assurer la sécurité. Nous arrivons trois jours avant pour fouiller le souk. Nous arrêtons des Arabes. Ce n'est pas vraiment la douce ambiance de Noël que j'ai connue dans mon enfance ! Mais en voyant Bethléem, avec ses décorations, je suis complètement émerveillé, en extase, et je me mets à ressentir de nouveau le désir d'être chrétien. Pendant la messe, nous sommes postés sur les toits, en tenue de Tsahal, l'arme au poing. Et moi, au cœur de la nuit, je regarde, en bas, la basilique où se déroule la messe de la Nativité. J'ai énormément de mal à me concentrer sur ma mission. Je n'ai qu'une envie : lâcher mon fusil et rejoindre tous ces chrétiens, vivre avec eux la messe de Noël. Je suis conscient que ce désir n'a rien de raisonnable, mais il est tellement fort et tellement difficile à combattre !

Le lendemain soir, en rentrant à la base, je suis encore tout chamboulé par les émotions fortes qui m'ont assailli à Bethléem. Cependant, le contexte est ici très différent et je me mets rapidement à penser à autre chose. À présent que les classes sont terminées, les relations avec les officiers commencent à changer. Ils nous cassent beaucoup moins les pieds ! En fait, leur autorité devient presque paternelle et de vraies relations humaines se nouent. D'ailleurs, en discutant avec mon sergent, j'ai réalisé qu'il est le frère de la jeune Anglaise avec laquelle je suis sorti à l'Oulpane, il y a deux ans ! Quelle coïncidence !

Il nous faut maintenant suivre trois mois d'entraînement intensif dans l'objectif de nous préparer à la guerre. Nous sommes en 1984, le Liban nous attend ! On s'entraîne à balles réelles sur un théâtre de guerre reconstitué, en pleine nuit le plus souvent, pour corser la difficulté. Des soldats israéliens sont déployés partout, devant, derrière ! Les mannequins représentant l'ennemi sur lesquels on doit tirer sont disposés au milieu. On a intérêt à bien comprendre les ordres du chef pour ne pas tuer un camarade ! Un entraînement particulièrement rigoureux va me marquer pour longtemps. Nous passons toute une nuit sur le plateau du Golan, au nord d'Israël à la frontière syrienne, en attendant l'ordre d'attaquer. Il gèle, et nous nous passons le tour pour dormir. Finalement, l'exercice militaire ne débutera que le lendemain matin.

Au cours de ces longs mois passés à l'armée, je porte toujours ma kippa sous mon casque. L'armée nous laisse du temps pour prier et, en général, on nous accorde une permission pour shabbat. Lorsque nous sommes de permanence ce jour-là, nous n'avons pas d'entraînement. En revanche, nous devons porter nos armes, bien que, le jour de shabbat, on ne doit normalement rien porter. Nous avons aussi un repas spécial de shabbat. En Israël, c'est un jour à part même pour ceux qui ne sont pas religieux.

Le printemps arrive. Comme prévu, nous partons en camion militaire pour le nord d'Israël, la région de la Galilée historique, toute proche des frontières libanaise et syrienne (qui est aujourd'hui encore régulièrement la cible de tirs de roquette du Hezbollah). Un autre camion nous emmène ensuite dans un camp situé à la frontière. Plus nous nous en approchons, plus je sens l'angoisse monter et m'envahir. Je ne me sens pas très bien. Je suis en train de prendre réellement conscience que je pars pour la guerre, que je vais peut-être tuer des hommes ou bien me faire tuer. Des images de ma famille remontent de ma mémoire. Est-ce que je regrette quelque chose ? Non, vraiment rien. Je ne prie même pas. Je sens soudain en moi une grande détermination. Il faut y aller, alors j'y vais !

Je vais rester deux mois au Liban. Deux mois qui se passent finalement assez bien. Nous cherchons des terroristes et nous prenons d'assaut des maisons de berger dans les champs. Dieu merci, nous n'avons jamais besoin de tirer ! D'ailleurs, en arrivant dans les villages du Sud-Liban, nous sommes accueillis comme des héros. Les populations nous applaudissent ! Comme nous sommes à la recherche d'armes planquées dans les maisons, nous entrons chez des familles chrétiennes qui nous offrent le thé. Et là, c'est incroyable, en voyant les icônes, cela me reprend ! J'ai tellement envie de parler avec les habitants pour partager avec eux mon attirance pour le Christ ! Mais c'est impossible car je n'ai pas le droit d'ouvrir la bouche. Seul le colonel parle.

Le 10 juin 1985, le jour de mon anniversaire, nous quittons le Liban. Or, tandis que nous stationnons dans le Nord, la situation se crispe. Des terroristes ont pénétré en Israël. Nous partons leur tendre une embuscade. Dans le camion où nous montons, la radio est allumée et on entend les tanks qui bombardent. Cette fois-ci, je me mets à prier. Je me sens à nouveau en proie à l'angoisse, mais à présent, elle est démultipliée. Jamais je ne me suis senti aussi proche de la mort ! Des images de mon enfance me reviennent et je prie de toutes mes forces. Lorsque je descends du camion, en voyant le colonel marcher devant nous, je ne pense plus à rien, je le suis. Je ne sens plus la peur. Voir un officier ouvrir la voie, ça donne confiance, ça donne des ailes. Nous tendons l'embuscade pendant la nuit. À tour de rôle, avec les jumelles infrarouge, nous balayons le terrain du regard pour essayer de surprendre les terroristes. Ce soir-là, ils sont capturés par un autre groupe que le nôtre.

À la fin de mon année de service militaire, mes officiers me proposent de signer pour devenir professionnel et passer des grades. Je n'ai jamais envisagé mon avenir de cette manière mais je ne refuse pas tout de suite. Je prends d'abord un temps de réflexion en repensant aux moments intenses que j'ai passés au sein de l'armée. Jamais je ne regretterai ces derniers mois, surtout à cause des relations très fortes qui se sont nouées. J'ai appris ici que dans des circonstances extrêmes, il n'y a plus de conflits religieux ou politiques. Tout ce qui sépare les êtres humains disparaît. Chaque personne est importante. On se soutient. Je n'oublierai jamais ce qui s'est passé dans un champ de mines au Liban. Un soldat de mon escadron qui marchait devant a sauté sur une mine. Aussitôt, le médecin s'est précipité dans le champ pour lui porter secours, sans penser une seconde au danger auquel il s'exposait. J'étais ébahi ! Un homme se précipite pour sauver un autre homme au mépris de sa propre vie. Voilà ce dont l'être humain est capable, aussi. Voilà ce que m'ont enseigné ces mois de guerre.

Avant de retourner à la yeshiva, je décide de prendre quelques semaines de vacances. Mais je n'ai absolument pas envie de rentrer en France. Plus le temps passe, plus je me dis que je n'ai plus rien à y faire. Mon petit frère vient me rendre visite. Quelle joie de le revoir après tout ce temps ! Nous voyageons de Tibériade jusqu'à Eilat. Puis, comme je n'ai ni appartement ni famille, je retourne au kibboutz avec lui. Nous y travaillons quelque temps puis nous repartons : nous allons au bord de la mer, à Tel-Aviv. C'est tellement agréable, après un an passé à l'armée, de se retrouver en short et t-shirt !

Pendant toute cette année, mon amie D. résidait à Jérusalem pour apprendre le japonais. Après le départ de mon frère, nous nous revoyons enfin. Peu de temps après, elle choisit de partir habiter dans les territoires parce que les logements y sont moins chers. Nous allons rester en contact téléphonique pendant un an. C'est au moment où je vais basculer dans le monde religieux ultra-orthodoxe que notre histoire va se terminer.

Juif ultra-orthodoxe

À la fin de mon service militaire, le programme de trois années est achevé. Un choix se présente alors à moi : celui de rentrer ou non en France. À vrai dire, ma décision est déjà prise depuis longtemps. Je reste en Israël ! Dans un premier temps, je retourne dans ma yeshiva de sionistes religieux, à Kiryat Arba. Mais bien vite, je m'aperçois que je ne m'y trouve plus à ma place. En effet, j'aspire désormais à quelque chose de plus spirituel, j'ai le désir de me rapprocher davantage de Dieu.

L'année suivante, en 1986, je retourne en France pour y passer l'été. À Paris, je fais la connaissance d'un dentiste qui devient rapidement un ami. C'est un Juif ultra-orthodoxe. Nous discutons beaucoup, il me fait découvrir cette spiritualité. Il m'emmène même suivre les cours d'un rabbin. Je suis vraiment intéressé par cette nouvelle approche ! À tel point que, lorsque je retrouve ma yeshiva, je ne suis plus en accord avec les idées qu'on y professe. Je commence à remettre en question l'idéal sioniste. D'ailleurs, je ne parle plus d'Israël mais de Heretz, qui veut dire la Terre ou la Terre Sainte, Heretz Akodesh. Mon apparence, elle aussi, change : je ne m'habille plus en jean et chemises mais en pantalon noir, chemise blanche, veste et chapeau. En portant ces vêtements différents, je cherche à marquer une coupure afin d'entrer dans un mode de vie plus radicalement centré sur Dieu.

Sans en parler à qui que ce soit, je me mets également à la recherche d'un kibboutz ou d'un mochav ultra-orthodoxe. Pour cela, je voyage à travers le pays dès que j'en ai l'occasion. Mon obstination va payer : au mois de décembre, pendant les fêtes de Hanoucca, je finis par trouver un mochav. Il s'agit d'une collectivité où chacun a une maison et travaille, soit sur place – dans l'agriculture, la vigne ou l'élevage par exemple – soit à l'extérieur, l'argent étant ensuite redistribué aux familles selon leurs besoins. Je m'en vais donc rencontrer le responsable. Malheureusement, il m'explique que c'est l'hiver et qu'il n'y a pas de travail pour moi. Ma déception ne va pas durer puisqu'il m'indique une yeshiva ultra-orthodoxe en Israël, à Bnei Brak. Je m'y installe dès le début de l'année 1987.

Quelques précisions sur la différence entre les sionistes religieux et les ultra-orthodoxes. Le mouvement sioniste religieux, fondé par Rav Kook qui venait de Russie, voulait créer un État juif religieux en Israël. Les ultra-orthodoxes, eux, n'étaient pas favorables à un État juif ni à la reconquête d'Israël par la force. Ils pensaient que Dieu avait mis le peuple juif en exil à cause de ses fautes et qu'Il le ramènerait dans la Terre sainte avec le Messie. Ils étaient opposés à l'usage de la violence pour la conquête des territoires. À l'origine, ils ne souhaitaient s'impliquer ni dans la société, ni dans la vie politique, ni dans l'armée. Aujourd'hui, pourtant, ils possèdent deux partis à la Knesset – « Le drapeau de la Torah » pour les ultra-orthodoxes ashkénazes et le « Shass » pour les ultra-orthodoxes sépharades – non pas tant pour se mêler des affaires de l'État que pour défendre leur spécificité. Ils ont en effet un statut à part et vivent en autarcie. Leur mode de vie est assez radical : ils ne sont consacrés qu'à Dieu. Ils n'ont pas la télévision.

À Bnei Brak, nous vivons comme des moines. Je suis interne et j'étudie toute la journée. Chez les Juifs, l'étude est à elle-même son propre but. On étudie pour étudier parce qu'en étudiant, on sanctifie et on protège le peuple hébreu, et à travers lui, on sauve et on protège le monde. La journée débute à sept heures par les prières. Ensuite, nous commençons à étudier et ce, jusqu'au soir. Le matin, l'étude est divisée en trois temps. D'abord, on se place par deux, l'un en face de l'autre, et on étudie un thème à travers un texte du Talmud. Ensuite, le rabbin donne son cours. C'est un cours magistral mais si l'un de nous n'est pas d'accord, il peut le contredire, l'interrompre en pleine conférence et provoquer une discussion (ce qui est impensable dans la mentalité française). À ce sujet, il y a un adage juif qui dit : « J'ai appris de mes maîtres, beaucoup de mes amis, et encore plus de mes élèves. » Enfin, nous nous retrouvons deux par deux et nous reprenons le texte en le confrontant à ce qu'a dit le rabbin. De cette façon, nous le révisons, nous l'apprenons. L'après-midi est plus détendue : nous lisons le Talmud, seul ou à deux, rapidement. Le soir enfin, nous étudions le livre d'un grand auteur, comme Maïmonide ou Nahmanide.

Ici, en approfondissant le Talmud, je m'apprête à faire une découverte effroyable qui va me torturer intérieurement pendant des années, y compris après mon baptême ! Je m'aperçois que dans plusieurs passages du Talmud, il est question de Jésus. Chaque fois, mon cœur se met à battre plus fort et mon attention se crispe. Et là, c'est la stupeur : Jésus, mon Bien-aimé, à qui je m'adresse en secret depuis mon enfance et qui m'attire tellement, ce Jésus est désigné comme un blasphémateur. Pire encore, je découvre qu'il est interdit de prononcer son nom ! Le Talmud est l'enseignement des sages d'Israël et les sages d'Israël ont une autorité absolue ; comment puis-je remettre en question ce qui est écrit ? Je n'en ai pas le droit ! Imaginez la violence du combat intérieur qui s'opère en moi ! Et ça ne s'arrête pas là : je réalise que l'histoire de Jésus et de Marie telle qu'elle est présentée par le Talmud n'a absolument rien à voir avec l'histoire qui est racontée dans les Évangiles et que j'ai lue, adolescent. Et il ne s'agit pas seulement d'une divergence de points de vue. Il est clair que l'un des deux ment dans sa façon de raconter les faits !

De la yeshiva, j'aperçois l'église de Jaffa, qui est surmontée d'un crucifix. Et dès que je vois une croix, il n'y a rien à faire, ça recommence. Je suis littéralement captivé ! Et pourtant je lutte ! J'essaie de toutes mes forces de résister, de me raisonner. Je me répète que ce désir est impur et qu'il est suscité par le démon pour me faire chuter. Mais cette attirance pour la croix est plus forte que moi. Je souffre, je suis rongé par la culpabilité et le remords.

Pour les Juifs religieux, Jésus est le « diable ». C'est pour cette raison que je suis assez sceptique concernant la sincérité du dialogue judéo-chrétien tel qu'il est pratiqué (même si sur le fond, il peut être très riche). Moi en tout cas, je peux vous dire qu'à cette époque où je suis Juif orthodoxe, pardonnez-moi l'expression, je n'ai absolument rien à faire des chrétiens ! Il est certain qu'il vaut mieux dialoguer que se taper dessus. Mais si on échange en passant sous silence ce qui fâche, ça ne sert à rien. Dans le dialogue, chacun, chrétien comme Juif, doit assumer ce qu'il croit et ne pas se renier pour faire plaisir ou pour plaire à l'autre. Si les chrétiens ont peur de parler de Jésus, ce n'est plus un échange. Chaque partie doit respecter l'autre dans ce qu'il est et dans ce qu'il croit mais sans avoir honte de parler de ce qu'elle vit. Mais j'y reviendrai dans un autre livre.

Si je suis entré chez les ultra-orthodoxes dans le but de me rapprocher de Dieu, nous sommes finalement tellement absorbés dans l'étude que j'ai perdu la relation spontanée que j'entretenais avec Lui. C'est seulement lorsque je sors dans la rue que je me remets à Lui parler. L'étude est bonne, mais il faut la considérer comme le faisait saint Thomas d'Aquin : chaque fois qu'il se heurtait à un problème théologique, il filait devant le Saint-Sacrement, arrêtait de réfléchir, se mettait en la présence réelle de Dieu et Lui demandait de lui expliquer ce qu'il ne comprenait pas ! À la fin de sa vie, saint Thomas a vécu une très forte expérience mystique au cours de laquelle Jésus lui a dit : « Tu as bien parlé de moi, Thomas. » Mais saint Thomas a affirmé ensuite que, par rapport à cette expérience directe qu'il avait faite de Dieu, tout ce qu'il avait écrit, sa Somme de théologie, n'était que de la paille. Les études n'ont pour but que de nous conduire à Dieu, à mieux Le connaître pour mieux L'aimer et ainsi mieux aimer ses créatures.

Par ailleurs, les prières juives sont tellement codifiées qu'il n'y a pas de place pour la prière spontanée – sauf intercalée dans les dix-neuf bénédictions, la prière centrale de la liturgie juive. Bien que les Écritures juives regorgent de textes qui parlent de méditation, elle se pratique en réalité très peu. De toute façon, la méditation n'est pas l'oraison, cette forme de prière qui est un dialogue intérieur avec Dieu. Dans l'oraison, notre âme Lui parle librement et Il nous parle (quoique pas toujours explicitement !). Ce que l'on appelle oraison dans le monde catholique n'existe pas dans le monde juif. Il n'y a pas de relation filiale, pas de cœur à cœur simple avec Dieu. Un Juif ne pourrait pas dire comme un paysan au Curé d'Ars au sujet de sa prière : « Je l'avise et Il m'avise. » Je connais une exception, les Juifs Breslev, qui sortent à minuit dans la forêt pour parler avec Dieu. Mais les Breslev sont marginalisés, même si leur fondateur, rabbi Nahman (1772-1810), est reconnu.

À l'âge de 23 ans, alors que la fin de mes études approche, je commence à ressentir le désir de fonder une famille. Il faut savoir que, dans le judaïsme, l'homme ne peut se sanctifier que par le mariage. C'est la seule vocation religieuse possible. Le mariage, fondé sur la Loi donnée par Dieu à Moïse, est codifié. Dans un premier temps, le rabbin organise un chiddour pour mettre en relation deux jeunes gens qui veulent se marier (auparavant, ceux-ci lui ont donné quelques critères de présélection). La rencontre obéit à des règles : on n'a pas le droit de se retrouver seul ni de se toucher, même pas par une poignée de main. Ainsi, l'un des rabbins de ma yeshiva dont je suis proche prend contact avec le directeur d'un séminaire de filles ultra-orthodoxes et, peu de temps après, je suis invité à me rendre dans l'appartement d'un couple, à Jérusalem, où m'attend la jeune fille. Nous nous asseyons dans le salon pour discuter tandis que le couple reste dans la pièce d'à côté. Nous parlons de nos études, de nos projets de famille, de nos motivations. Tout cela est fort intéressant mais elle ne m'attire pas. Elle est trop petite, un peu rondelette, bref, elle n'est pas mon genre ! Nous nous disons au revoir et je fais un rapport à mon rabbin. Il se met alors à chercher une autre jeune fille et organise une deuxième rencontre. Malheureusement, cette fois-ci, c'est moi qui ne plais pas à la fille !

Pendant les deux années – ou presque – que j'ai passées à la yeshiva ultra-orthodoxe, j'ai réussi à échapper au mois annuel de service militaire obligatoire en Israël, le milouim. Cependant, ça n'a pas duré, les autorités militaires ont fini par me retrouver. C'est l'une des raisons pour lesquelles mon rabbin décida de me renvoyer en France. En effet, les ultra-orthodoxes ne veulent pas servir dans l'armée. Ils considèrent que l'étude de la Torah à laquelle ils consacrent leur vie protège les militaires. C'est le principe du partage des tâches, comme il existait en France au Moyen Âge. En 1948, il y a eu un accord à ce sujet, entre le grand rabbin ultra-orthodoxe Hazon Ich et le Premier Ministre Ben Gourion, qui est remis en question de nos jours.

On est en 1989. Je viens de suivre cinq années de formation à plein temps, sans compter celle de mon année au kibboutz. Il est prévu que je continue ma formation rabbinique en France pendant un an encore à Aix-les-Bains. En quittant Israël, je n'ai aucun diplôme universitaire (car la yeshiva n'est pas une université) mais j'ai un certificat remis par trois rabbanim. Dans le judaïsme, l'autorité d'un tribunal est reconnue quand il est formé de trois personnes. Un diplôme décerné par trois rabbanim ultra-orthodoxes est par conséquent juridiquement valide. Ce certificat me permet d'être rabbin. En effet, en France, pour exercer cette fonction, il faut détenir soit un diplôme reconnu par le Consistoire et l'État français, soit une certification obtenue chez les ultra-orthodoxes ou les loubavitchs dont l'enseignement est prisé parce qu'il est très rigoureux et approfondi. Je peux également enseigner dans les filières du Consistoire, ainsi que dans les communautés ultra-orthodoxes et loubavitchs. Les Juifs réformateurs, les libéraux et les mizrahi quant à eux ont d'autres filières.

Retour en France avec barbe et chapeau

Quelle déception ! Moi qui projetais de passer toute ma vie en Israël, me voici malgré moi embarqué dans un avion pour Paris ! J'essaie cependant de voir le bon côté des choses. Je suis heureux d'avoir dans la poche ce certificat qui valide la première partie de ma formation rabbinique. Grâce à lui, je vais enfin pouvoir enseigner et c'est tout ce qui compte.

En arrivant à Paris, je me rends d'abord chez mes parents. Et là, c'est le choc des cultures ! Imaginez : je suis parti de chez moi habillé comme un adolescent et je rentre avec le chapeau, la barbe, le costume foncé et la chemise blanche. Si en Israël, les gens n'y prêtent pas attention, à la Courneuve en revanche, ça ne passe pas inaperçu ! Je refuse d'embrasser mes sœurs. En effet, chez les ultra-orthodoxes, on n'embrasse pas les femmes sauf son épouse et encore, pas en public. J'ai l'impression d'être un extraterrestre. J'explique à mes parents que je désire aller à Aix-les-Bains, dans une école rabbinique réputée, afin de poursuivre mes études. Alors qu'ils étaient déjà réticents à l'idée que je devienne rabbin, rabbin ultra-orthodoxe en plus, c'est le coup de massue ! Mon grand frère est choqué. Je me sens mal à l'aise et je ne reste que quelques jours. Avec le recul, je constate qu'il y a une forme d'intégrisme laïque en France. Le laïque n'accepte pas que quelqu'un puisse avoir d'autres motivations de vie que les siennes. Il est vrai que moi non plus je ne respecterai pas le choix de ma sœur lorsqu'elle se mariera avec un Arménien, ce qu'elle me reprochera beaucoup, je la comprends. Je ne vais pas supporter qu'elle épouse un non-Juif. Ma mère non plus, d'ailleurs, qui pour justifier son opposition à ce mariage rappellera que sa belle-mère (la mère de mon père) s'est érigée elle aussi contre le mariage de son fils (l'oncle chez qui nous sommes allés rendre visite lorsque j'étais enfant) avec une catholique espagnole, avant de finalement l'accepter, beaucoup plus tard.

En arrivant chez mes parents, je n'ai pas retrouvé ma chambre ni la vue sur le Sacré-Cœur. En effet, pendant que j'étais en Israël, notre barre d'immeubles a été détruite et ma famille a changé d'appartement. Ce n'est que le lendemain, en allant à Paris pour donner un cours, que je le revois de loin, en arrivant à la Gare du Nord. Mais je le regarde comme une carte postale. Il y a un écran entre nous.

Comme prévu, je me rends ensuite à la yeshiva d'Aix-les-Bains, l'une des principales académies talmudiques ultra-orthodoxes de France. Là-bas, je vis dans le ghetto. Un soir, vers minuit, dans la salle d'étude, alors que je suis en train de lire le texte d'un rabbin loubavitch, lecture réprouvée par les ultra-orthodoxes, l'un des responsables qui a vu de la lumière entre et me regarde d'un air suspicieux :

— Vous êtes loubavitch ?

— Non… Mais on peut lire un commentaire écrit par un rabbin loubavitch sans être loubavitch !

— Mmm…

Ça n'a pas l'air de lui plaire. À vrai dire, cette théologie scientifique mystique, cette philosophie même, m'intéresse de plus en plus. Déjà, lorsque j'étais à Bnei Brak en Israël, j'ai lu en cachette le Tanya, un traité mystique dont la lecture est catégoriquement interdite par les ultra-orthodoxes. Je ne me sens pas libre à la yeshiva d'Aix-les-Bains. On me fait comprendre que si je continue dans cette voie-là, je ne pourrai pas continuer mes études ni trouver une femme ! Un jour, je retrouve un rabbin qui a quitté cette yeshiva pour créer un centre d'études loubavitch en région parisienne. Il me conseille de me marier et de venir le rejoindre.

Juif loubavitch

C'est ainsi que, suivant ses conseils, je quitte la yeshiva d'Aix-les-Bains, après quelques mois seulement, pour m'installer à Grenoble. Là-bas, j'enseigne dans une école dont le directeur et la directrice sont loubavitchs. Le soir, je donne des conférences pour adultes. J'aide également le rabbin titulaire de la synagogue – comme un prêtre vicaire aiderait le curé en titre d'une paroisse. En effet, grâce à ma fonction rabbinique et au certificat délivré par ma yeshiva, je peux le suppléer dans la liturgie, la lecture de la Torah, etc. Je m'aperçois qu'être rabbin n'est finalement qu'une fonction et ne correspond pas forcément à un appel de Dieu. Ce n'est pas la même chose que pour les prêtres catholiques. Cette prise de conscience va jouer un rôle capital dans la décision que je prendrai plus tard de m'installer en banlieue parisienne et non pas en province, afin d'être rabbin dans une synagogue. À cette époque, je me lance également dans l'étude assidue de la mystique juive. Sans doute Dieu prépare-t-il le terrain pour que renaisse ma relation intime avec Jésus.

Un jour, je suis invité à l'intronisation du rabbin consistorial de Grenoble par le grand rabbin de France de l'époque. Toutes les personnalités religieuses de la ville y sont conviées, y compris le pasteur et un curé. Pendant la cérémonie, j'essaie de fixer mon attention sur ce que dit le rabbin mais je n'y parviens pas. Je suis complètement obnubilé par le curé que j'ai repéré à son col romain ! Je ne vois que lui et je n'ai qu'une obsession : aller lui parler. Évidemment, avec ma longue barbe et mon chapeau, je ne m'autorise pas à aller à sa rencontre. Une fois de plus, je vis un véritable déchirement, une lutte entre le désir profond de mon cœur, que je ne contrôle pas, et ma raison qui se bat pour garder le dessus. Je ressors de cette cérémonie extrêmement frustré. J'ai le sentiment de vivre une tragédie pire que celle de Roméo et Juliette ! Alors que je suis censé honnir le Christ qui est un objet de scandale pour mon peuple, je ne peux m'empêcher de L'aimer !

Je m'entends bien avec le directeur et sa femme. Nous passons de très bons moments ensemble. Pour la fête d'Hanoucca, au mois de décembre, ils m'envoient dans les stations de ski pour « évangéliser » les Juifs. La méthode est la suivante : nous marchons, deux par deux, en essayant de repérer les Juifs. Ensuite, nous les abordons en leur demandant s'ils ont allumé les bougies d'Hanoucca. Si leur réponse est négative, on leur en donne. Nous sommes vraiment très bien accueillis par les gens et nous vivons des moments magnifiques. Cependant, une fois de plus, les décorations de Noël de ces petits villages de montagne ne me laissent pas indifférent. Ils réveillent toujours davantage mon attirance pour Jésus ainsi que ma culpabilité.

D'ailleurs, chaque fois que je me promène dans la ville de Grenoble, avec ses rues piétonnes et ses églises, je me sens envahi d'amour pour le Christ. Un désir irrépressible d'entrer dans une église s'empare de moi, comme dans mon enfance. Sur le moment, je n'ai pas mauvaise conscience. Mais avant et après, ce que je vis intérieurement est terrible ! Finalement, je ne passe jamais à l'acte, non pas à cause de la grande culpabilité que je ressens, mais parce que j'ai très peur de me faire attraper par mes coreligionnaires ! En effet, si un chrétien entre dans une synagogue, aucun autre chrétien ne le lui reprochera. En revanche, d'après la loi juive, il est formellement interdit d'entrer dans une église.

Je rencontre ma femme

Comme je l'ai déjà expliqué, dans la communauté juive, la sainteté passe par le mariage. Par conséquent, lorsqu'ils repèrent des jeunes gens qui ne sont pas mariés, les Juifs organisent des rencontres : c'est le fameux chiddour. Ils demandent au préalable aux jeunes concernés quel profil les intéresse, y compris en ce qui concerne le physique : c'est très pragmatique ! Ensuite, ils consultent leur fichier et mettent en relation les personnes dont les demandes correspondent. Attention, ça n'engage à rien ! Il n'y a pas de mariage forcé ! Même les filles peuvent continuer leurs études, si elles le préfèrent, avant de se marier. Puisque les deux chiddours qui ont été organisés pour moi en Israël ne m'ont pas permis de rencontrer celle qui deviendra ma femme, je persiste et je demande cette fois-ci au directeur de l'école où j'enseigne à Grenoble de s'occuper de me trouver une épouse.

La jeune femme qu'il a sélectionnée pour moi est loubavitch, originaire d'une famille sépharade de Lyon. Elle travaillait avant comme institutrice en maternelle dans cette école de Grenoble mais au moment où je suis arrivé, elle était partie étudier dans un séminaire pour femmes en région parisienne. Notre première prise de contact se fait par téléphone, puis nous nous appelons une fois par semaine. Ensuite, comme le courant passe bien entre nous, nous décidons de nous rencontrer pendant les vacances scolaires. Et c'est ainsi que nous commençons à nous retrouver régulièrement dans un café, toujours en public. Au cours de ces rencontres, nous discutons de nos projets. Cela va durer ainsi pendant une année au cours de laquelle nous prenons le temps de réfléchir. Enfin, nous décidons de nous marier !

L'heureuse élue s'appelle Martine ! Elle me plaît beaucoup et nous partageons les mêmes idées. Nous avons tous les deux la même passion pour les textes mystiques de la pensée hassidique. De plus, elle est d'accord pour que je continue à étudier, comme je le souhaitais ! Et surtout, nous avons tous les deux envie de fonder une grande famille. J'ai toujours eu envie d'avoir des enfants ! Et les familles israéliennes si chaleureuses que j'ai connues pendant mes études en Israël ont renforcé en moi ce désir. Elles m'ont aussi laissé entrevoir une façon de vivre en famille très différente de celle que j'ai connue étant enfant. En effet, chez les ultra-orthodoxes et les loubavitchs qui n'ont pas la télévision, la famille est centrée sur la vie avec Dieu. Le père questionne ses enfants : « Comment as-tu compris cette parole de Dieu ? Comment as-tu vécu ta semaine avec tes amis ? » À table, on échange sur la façon dont on vit sa religion, au jour le jour, et sur la façon dont on vit tout court, en fait. Ça n'a rien à voir avec ce que j'ai connu chez mes parents. On ne parlait que de sujets extérieurs, de politique, de guerre, de football.

Pour célébrer nos fiançailles, le directeur de l'école de Martine souhaiterait faire une fête avec ses collègues et ses élèves. Or, il est d'usage que les fiançailles se déroulent chez le futur marié, c'est pourquoi ma mère tient absolument à organiser la réception chez elle ! Comme elle est un peu embêtée, Martine lui demande si elle peut inviter ses collègues et amis. Ma mère lui répond : « Non, je ne préfère pas : ça risque de faire trop de bruit… » À mon avis, elle ne veut tout simplement pas d'un débarquement de loubavitchs chez elle ! Finalement, nos fiançailles ont lieu en deux temps, l'après-midi chez mes parents avec la famille et quelques amis très proches, et le soir dans l'école de ma femme.

Je crois qu'au fond ma mère m'en veut. Elle n'a pas accepté que je parte pour Israël contre son gré. D'ailleurs, mes parents ne sont jamais venus me voir quand j'y étais, soi-disant parce qu'ils n'avaient pas d'argent pour faire le voyage. Pourtant, ils sont allés rendre visite à mon frère aux Canaries ! Plus tard, mes frères et sœurs vont me reprocher de m'être coupé de la famille et de m'être montré ingrat avec ma mère, après tout ce qu'elle a fait pour moi quand j'étais enfant. En fait, ma mère n'était peut-être pas tendre mais elle était possessive. C'est triste, mais mes relations avec ma mère étaient loin d'être sereines ! Quoi qu'il en soit, comme je m'étais déjà soustrait à son influence en devenant religieux puis en m'installant en Israël, sa mésentente avec ma femme n'aura pas d'incidence sur notre couple, comme cela peut être le cas parfois.

Le jour de notre mariage arrive ! Nous sommes au mois de juillet 1990, j'ai 26 ans. Pour la fête, nous avons loué le hall d'une école. En effet, comme j'aime beaucoup danser, nous avons fait venir un orchestre et par conséquent, nous voulions disposer d'une grande salle. La cérémonie religieuse a lieu dans la cour. Nos familles et nos amis sont tous réunis autour de nous. Selon la tradition, pendant que le rabbin prononce les sept bénédictions rituelles, Martine et moi sommes sous la houpa, le dais nuptial. Après quoi, la fête commence ! Un grand drap sépare la salle en deux parties puisque hommes et femmes ne doivent pas se mélanger, pour des raisons de pudeur. L'orchestre joue exclusivement de la musique juive religieuse, orientale ou hassidique, et nous dansons jusqu'à deux heures du matin. C'est une fête très joyeuse ! Mon père et mes frères, mes cousins et mes oncles qui n'ont jamais vu un mariage comme celui-ci, ont l'air enchantés !

Un petit mot sur la musique. Dans l'univers juif, il n'y a pas un espace et un temps pour les choses profanes et un autre pour Dieu. Chaque instant se vit avec Dieu. D'ailleurs, j'ai du mal à retrouver cela dans le milieu catholique laïc. Par conséquent, quand je suis devenu orthodoxe, je n'ai plus écouté que de la musique religieuse. Heureusement, il y a de la musique juive pour tous les goûts, toutes les humeurs et tous les moments de la vie !

Le directeur de ma yeshiva ultra-orthodoxe de Bnei Brak est venu à notre mariage. Il a fait le déplacement d'Israël ! Pourtant, il ne voit pas d'un très bon œil que j'épouse une loubavitch ! Deux mots sur ce qui distingue et sépare les ultra-orthodoxes et les loubavitchs. Ces derniers appartiennent à un courant du judaïsme issu de l'école philosophique hassidique. Le fondateur de ce courant, né en Russie au milieu du XVIIIe siècle, Baal Chem Tov, voulait rendre accessible à tout le monde, même aux plus modestes, la mystique juive jusqu'alors réservée à des initiés. Lui et ses disciples ont mis à la portée de la raison les notions développées par la Kabbale dans le Zohar, le grand ouvrage d'exégèse mystique de la Torah – la vraie mystique juive, pas celle du New Age qu'on nous sert maintenant. En ce qui concerne la pratique de la Loi, ultra-orthodoxes et loubavitchs ont la même doctrine. Mais les ultra-orthodoxes sont plus axés sur la morale. Ils mettent en valeur les textes où l'on dit ce qu'on doit faire ou ne pas faire, où l'on insiste sur le danger du mal, la crainte de Dieu. Selon eux, on ne doit pas s'intéresser à la mystique avant l'âge de 40 ans. Les textes hassidiques, eux, tentent de penser le mystère de Dieu à travers sa création, l'être humain et les Écritures. Ils sont centrés sur l'émerveillement devant la grandeur de Dieu qui a créé le monde *ex nihilo*. On médite des phrases des Écritures comme celle-ci : « La parole de Dieu se tient constamment dans les cieux. » Qu'est-ce que cela signifie ? Ce questionnement induit un état méditatif mais pas encore ce dialogue avec Dieu qu'est l'oraison chrétienne, comme je l'ai souligné précédemment. En réalité, les loubavitchs que j'ai connus n'étaient pas spécialement mystiques. Mais à ce moment-là, je découvrais un monde intellectuel fascinant !

Locataire en Galilée

Pendant les deux premières années de notre mariage, comme nous en étions convenus avec Martine, je reprends des études rabbiniques dans une yeshiva loubavitch qui se trouve dans l'Essonne. Ensuite, comme je désire encore approfondir ma connaissance de la mystique juive, nous décidons de repartir en Israël – ou plutôt, moi je repars en Israël, car ma femme, elle, n'y a jamais vécu auparavant. Nous nous installons à Safed, le grand centre d'études religieuses dans la tradition kabbaliste sur les textes des premiers siècles de notre ère. C'est une ville située dans les montagnes, au nord du pays, en Galilée. Nous louons un pavillon qui donne sur le lac de Tibériade. C'est magnifique ! J'étudie dans un Kollel, une école rabbinique pour les gens mariés. Quant à ma femme, elle est inscrite à l'Oulpane pour apprendre l'hébreu et découvrir le pays. Régulièrement, nous allons tous les deux à Haïfa nous baigner sur une plage sauvage que les touristes ne connaissent pas.

Tout se passe bien jusqu'au jour où l'armée me retrouve ! C'est le côté KGB d'Israël ! Un jour, je reçois une convocation pour m'acquitter du fameux milouim auquel j'ai échappé en rentrant en France, il y a quatre ans. Cette fois-ci, je vais au rendez-vous, et là, ils m'embarquent directement, sans même me laisser prévenir Martine que je ne vais pas rentrer ! Voilà comment ça se passe là-bas : on ne fait pas dans la dentelle ! Deux jours après, je peux enfin lui téléphoner. Évidemment, elle s'est énormément inquiétée ! J'ai été emmené dans une prison, située dans les territoires, pour surveiller les prisonniers. Au bout d'une semaine, j'ai droit à une permission. À une heure du matin, je sonne à la maison, en tenue militaire, sans avoir pu avertir ma femme que je rentrais. Elle est dans tous ses états ! Ces incidents ont raison de sa patience. Elle m'avoue qu'elle ne se plaît pas à Safed et qu'elle veut rentrer en France.

Je comprends très bien sa réaction. C'est une femme occidentale, elle est seule à Safed, sans famille, et elle ne parle pas la langue ! Mais moi, au fond, ça ne m'embête pas tant que ça d'avoir été réquisitionné sans tambour ni trompette par l'armée. J'y passe même plutôt de bons moments ! En effet, au cours de ces quelques semaines, dans le groupe où je suis tombé, je commence à retrouver la qualité de relations humaines que j'ai tant appréciée dans l'armée. Un jour de shabbat, je me mets à chanter des chants religieux du haut de la tour où je suis en train de monter la garde. Quand je redescends, les autres soldats, dont aucun n'est religieux, m'interpellent. Ils m'ont entendu ! J'entreprends alors de leur apprendre les chants de shabbat et nous nous mettons à chanter tous ensemble ! Ça, c'est mon petit côté missionnaire qui n'a peur de rien. À la suite de cet épisode, le général, un Juif irakien pas du tout pratiquant, me convoque et me rappelle à l'ordre : il est interdit de faire du prosélytisme dans les rangs de l'armée ! Cependant, juste après, il me félicite d'avoir mis de la vitalité dans l'équipe ! Il a l'air tout content !

C'est curieux, mais le service militaire a beaucoup de vertus. Après avoir vécu des moments dangereux, on apprécie mieux la vie. Lorsqu'on revient à la vie civile, on goûte le fait d'être en bonne santé, on s'émerveille de petites choses, on ressent tout avec plus d'acuité. L'armée procure aussi une discipline qui affermit la volonté. Pendant son service, on doit exécuter des tâches qu'on n'a aucune envie d'exécuter. Eh bien, je dois reconnaître que c'est très formateur, surtout de nos jours où, lorsqu'on est jeune, on a tendance à ne vouloir faire que ce qu'on a envie de faire !

Comme je le disais, ma femme, quant à elle, n'a pas du tout apprécié cet intermède militaire. À tel point qu'au bout de dix-huit mois à Safed, nous prenons la décision de rentrer en France. Ce retour en France est pour moi un sacrifice ! Cependant, j'aime ma femme et je veux qu'elle soit heureuse ! Deux jours avant notre départ, en cachette, je me mets à pleurer dans un coin. Je suis viscéralement attaché à la Terre Sainte ! Je me sens dans mon élément au sein de cette société israélienne méditerranéenne. Dans ce petit pays, on passe d'un paysage et d'un climat à l'autre en moins d'une heure, il fait chaud et la qualité de vie est bien meilleure !

C'est donc encore une fois à contrecœur que je rentre en France ! Mais, avec le recul, je suis convaincu que c'est la divine Providence qui a voulu qu'il en soit ainsi parce que c'est ici que mon désir pour Jésus va repartir de plus belle, derrière ma barbe, mon chapeau et ma stricte orthodoxie juive !

Un, deux, trois... sept enfants

Nous voici donc de retour en France ! Nous nous installons en région parisienne. J'enseigne à mi-temps dans une école juive tout en poursuivant mes études rabbiniques à mi-temps dans un Kollel à Paris. Eh oui, j'étudie encore et toujours ! Cela peut paraître étonnant mais, en fait, ça n'a rien d'exceptionnel ! En effet, dans le judaïsme, l'étude de la Torah est tellement vitale que la communauté paie des hommes, même quand ils ont une activité professionnelle très prenante, pour continuer à se perfectionner dans la connaissance de la Torah. Tous les Juifs pratiquants sont donc formés pour transmettre la Torah. Un Juif peut très bien travailler en entreprise et être rabbin. Le rabbin dirige la synagogue, mène la prière, fait des sermons mais il peut aussi déléguer ces tâches à des fidèles.

De son côté, ma femmc reprend son travail d'institutrice dans une école juive. Plus le temps passe, plus elle s'inquiète de ne pas avoir encore d'enfant. Dans le judaïsme, comme on peut le voir dans la Bible, attendre un enfant est un signe de bénédiction et donc une façon d'obtenir la reconnaissance de la communauté. Par conséquent, quand les enfants tardent à venir, l'enjeu n'est pas seulement affectif! Elle décide donc de passer des examens médicaux. Les résultats sont rassurants : tout va bien ! Et en effet, les enfants arrivent en leur temps.

Ils naissent très vite les uns après les autres : Rachel en 1994, Deborah en 1995, Rivka en 1996, Myriam en 1997, Yossef en 1999, Menahem en 2001 et Chneor en 2003. Quelle joie ! Ma femme voulait une grande famille et moi aussi. Pourtant, après la naissance de Myriam, je suggère à ma femme que nous nous accordions une pause. J'ai très envie d'avoir un garçon mais il me semble que pour le bien de notre couple et de nos quatre filles, il vaut mieux attendre un peu. Mais elle n'est pas de cet avis !

À la naissance de Rachel, ma femme a arrêté de travailler. Depuis ce temps, j'enseigne à plein temps pour subvenir aux besoins de la famille et je donne, en plus, des cours pour adultes. Malgré tout, je suis présent et très proche de mes enfants. Leur épanouissement et leur éducation sont très importants à mes yeux ! J'ai une relation particulière avec chacun. J'adore jouer avec eux, les emmener au parc, à La Courneuve, leur apprendre à faire du vélo. Ma femme, elle, s'occupe de l'éducation quotidienne et des devoirs. Après avoir pris soin des enfants, inutile de préciser que nous n'avons pas beaucoup de temps pour nous retrouver tous les deux ! Heureusement que nous n'avons pas la télévision ni l'Internet ! Dès que je trouve un peu de temps libre, je continue à étudier la théologie mystique juive sur la parole de Dieu.

Je participe à la vie de la maison à ma mesure. Je suis préposé au ravitaillement et je dois dire que c'est un vrai casse-tête ! En effet, il faut faire certaines courses dans les magasins juifs, et d'autres dans les magasins non juifs. Le dimanche matin, après la prière à la synagogue, je prends le bus pour aller dans les magasins casher à Paris avec le caddie et j'achète tout ce qu'une famille juive orthodoxe doit manger casher : la viande, le fromage et tous les produits laitiers, les biscuits, le vin, l'alcool, le jus de raisin... et évidemment, il faut les rapporter en quantité ! Au retour, je suis chargé comme un chameau ! Tout le reste – les produits d'entretien, les couches, l'eau, le savon, etc. – je vais l'acheter le soir en semaine dans un hypermarché. Je m'occupe également d'acheter les vêtements pour les enfants, parfois seul ou avec ma femme.

Ma femme et moi avons peu de sujets de désaccord. Néanmoins, elle est plus scrupuleuse que moi au sujet de l'application de la Loi. Par exemple, étant donné que pendant trois étés, nous ne partons pas en vacances, il m'arrive d'emmener les enfants à la plage. Nous faisons l'aller-retour pour Trouville dans la journée. Ma femme n'approuve pas du tout ! En effet, pour les Juifs orthodoxes, la plage est un lieu impur parce que les gens sont déshabillés. D'ailleurs, cette affaire va même créer un mini-scandale ! Un jour, certaines personnes de la communauté loubavitch viennent me trouver :

— Tu n'as vraiment aucun scrupule à aller à la plage, et avec tes enfants en plus ?

Surpris, je rétorque :

— Vous savez, une femme en été à Paris, habillée dans un vêtement moulant, attire l'œil davantage qu'une femme en maillot de bain !

— À Paris, c'est différent : on a la tête occupée par ce qu'on doit faire, ses cours ou ses courses !

— Et vous croyez que je ne suis pas occupé à la plage avec tous mes enfants ? Vous pensez réellement que j'ai le temps de faire le joli cœur et de lorgner les filles ?

Leurs arguments ne me paraissent pas valables ! Quand j'ai une idée en tête et que je ne vois vraiment pas le mal, je ne me laisse pas dicter ma conduite. Je pense surtout au bien-être de mes enfants. Ils sont si heureux d'aller à la plage prendre l'air, et moi aussi d'ailleurs ! Mais ma femme ne vient jamais. Elle respecte la Loi coûte que coûte.

Nous ne sommes pas non plus tout à fait d'accord au sujet de la télévision. J'en ai acheté une pour que les enfants puissent regarder des dessins animés en vidéo. Mais ma femme est mécontente parce qu'elle désapprouve les dessins animés où apparaissent des animaux impurs. Depuis, j'opère donc un tri pour ne pas la choquer bien que cela ne me semble pas criminel de regarder les « Trois petits cochons » !

En revanche, quand il s'agit de nous rendre tous ensemble à la montagne pour les vacances, ça fait l'unanimité ! La montagne, c'est casher ! D'autant que la communauté loubavitch organise chaque année un grand séminaire dans les Alpes et fait venir sur place une épicerie casher, ce qui nous simplifie bien la vie ! J'adore ces vacances d'été avec ma famille. C'est l'occasion pour moi de montrer aux enfants la beauté de la nature que Dieu a créée. Je leur dis de faire attention aux animaux, aux arbres. On joue, on rit, on regarde le ciel, les étoiles. C'est merveilleux !

Une double vie

Effectuons un petit retour en arrière, à l'époque où nous sommes rentrés en France, avant la naissance des enfants. Comme je l'ai déjà souligné, à ce moment, mon « syndrome christique » repart de plus belle ! Et du coup, mon combat intérieur aussi ! Je me dis que c'est parce que la France est une terre impure que tous ces sentiments viennent à nouveau m'assaillir. J'aurais tellement préféré rester à Safed, et vivre dans la montagne ! Les choses y étaient tellement plus simples pour moi ! Là-bas, j'étais plongé dans les hassidim, la théologie mystique juive. J'ai découvert dans cette tradition un autre univers et j'ai passé beaucoup de temps à méditer. Mais à mon retour en France, c'est irrésistible, c'est plus fort que moi : je retourne à l'église et je recommence à communier ! Cela faisait si longtemps que je n'avais pas passé le seuil d'une église ! C'est maintenant avec ma barbe de rabbin que je retourne au Sacré-Cœur. Imaginez la scène ! Je rachète une croix et je me mets à la porter en cachette. Je recommence aussi à lire l'Évangile de saint Jean et à l'apprendre par cœur. C'est plus sûr : au moins, dans ma tête, personne ne pourra le trouver !

Cette double vie religieuse peut paraître étonnante. C'est vrai, je porte en moi deux identités ! Mais c'est plus de l'ordre du combat spirituel que de la trahison ou de la duplicité. Comment est-il possible de vivre les deux à la fois ? Je ne sais pas. Mais je vis avec ça, et curieusement je ne culpabilise pas. Jusqu'à ce que nos enfants naissent, j'ai assez de temps pour m'éclipser de temps à autre dans un endroit isolé pour contempler mon crucifix, notamment pendant nos vacances à la campagne. Je pars me promener, je me cache dans la forêt ou au détour d'un chemin, j'accroche ma croix dans un arbre, et je la contemple ! Je ne me pose pas de question. D'ailleurs, il ne vaut mieux pas. Je prie Jésus qui est Dieu. En revanche, j'ai beaucoup de mal à dire le Notre Père parce que je suis pris d'un sentiment de trahison par rapport au Dieu de la Torah.

Ce combat qui se joue au-dedans de moi, je n'en parle pas à ma femme. Et elle ne se doute absolument de rien. Ce n'est pas que je veux lui cacher mon histoire avec Jésus, mais je sais qu'elle ne peut pas l'entendre ! Quand les Juifs ont su que Paul le rabbin, persécuteur de chrétiens, s'était converti au Christ, ils n'ont pas cherché à savoir pourquoi. Ils ne lui ont même pas demandé de s'expliquer. Ils ont voulu aussitôt le tuer parce qu'il avait trahi : soit il s'était mué en dangereux blasphémateur, soit il était devenu dingue ! Pour les Juifs orthodoxes, les chrétiens sont des impurs. Voilà pourquoi, il n'est même pas pensable que j'en parle à ma femme ! Mais garder ce secret pour moi était loin d'être facile, croyez-moi ! Imaginez mon cas de conscience !

Bien sûr, cela me soulagerait de me confier à quelqu'un. Mais à qui ? À un rabbin ? À quoi bon, je sais déjà ce qu'il me dirait ! À un prêtre, alors ? Un jour, alors que nous sommes en vacances avec ma belle-famille en région lyonnaise, je me lève tôt le matin et je pars pour Lyon. J'entre dans une église et j'assiste à la messe. À la fin, je vais trouver le prêtre. C'est un dominicain. Nous commençons à discuter et je lui vide mon sac. Je lui raconte tout : ma vie de Juif orthodoxe, mon attirance pour le Christ ! Il m'écoute et il me propose de venir le voir quand je serai rentré à Paris où il habite aussi. De retour de vacances, je me rends donc chez lui. Ensuite, c'est lui qui vient chez moi une fois par semaine, le mercredi soir, pendant que ma femme assiste à son cours de religion. Nous discutons de Dieu. Il me demande de lui trouver la traduction d'un midrash et il me donne l'un de ses livres sur Noé. Il repart toujours avant que ma femme ne rentre. Je le trouve très sympa. Mais ces rendez-vous clandestins ne vont pas durer longtemps. En effet, quelque temps après, notre appartement est dévalisé. Le cambriolage a eu lieu pendant la journée. En rentrant le soir, ma femme trouve l'appartement sens dessus dessous. Et là, dans le foutoir, elle découvre le livre du père dominicain, ma croix et les Évangiles ! Quand je rentre à mon tour, elle est folle furieuse ! Elle crie : « Tu es devenu fou ! Tu dois tout jeter, ce sont des choses impures ! »

Cela peut sembler surprenant qu'elle n'ait pas essayé d'en savoir plus. Mais nous, Juifs orthodoxes, sommes éduqués à ne pas vouloir comprendre ce phénomène de conversion au christianisme et à réagir violemment. Il faut savoir qu'un Juif converti passe devant un tribunal qui le déclare renégat. Dans notre prière quotidienne, celle qui structure nos journées, on prononce une malédiction sur ces Juifs renégats. D'ailleurs, Maïmonide, le grand rabbin andalou du XIIe siècle, l'une des figures les plus importantes du judaïsme et des plus estimées par les non-Juifs – saint Thomas d'Aquin le surnommait l'Aigle de la synagogue – a formalisé un credo juif qui s'achève sur ce commentaire : « Celui qui croit tous ces points fondamentaux appartient à la communion d'Israël ; et c'est un précepte de l'aimer, d'avoir de la charité pour lui, et d'observer à son égard tout ce que Dieu a prescrit entre l'homme et son prochain, quand même la force des passions l'entraînerait à commettre des péchés. Mais si quelqu'un est assez pervers pour nier un de ces articles de foi, il est hors de la communion d'Israël, et *c'est un précepte de le détester et de l'exterminer.* »

Suite à cette découverte, ma femme me presse d'aller voir un rabbin. Elle croit que j'ai perdu la tête ! À sa place, j'aurais sans doute pensé la même chose. De toute façon, je ne peux pas lui expliquer. La mentalité juive d'aujourd'hui n'a pas changé depuis saint Paul. La seule chose que je peux lui dire, c'est que tout ça est totalement indépendant de ma volonté et que ça a débuté dans ma jeunesse. Sur le coup, je lui propose le divorce. Je sens que cet amour pour Jésus est si fort qu'il ne me quittera pas et je ne veux pas la faire souffrir ! Mais elle refuse, elle m'aime. Je ne crois pas qu'elle en ait parlé à qui que ce soit. Peut-être pense-t-elle que ça me passera ? Je me souviens d'une phrase d'un traité talmudique : « Dieu est prêt à déchirer son Nom en deux pour établir la paix dans le couple. » Alors, ensemble, nous décidons de tout jeter : les Évangiles, la croix, le livre sur Noé ! Et je ne reprends pas contact avec le père dominicain.

Rachel naît à peine un an après cet épisode, en mai 1994. Nous déménageons alors dans un appartement plus grand mais toujours dans la même ville. Un soir, en rentrant du travail, fatigué, je ressens le besoin de me détendre. J'allume la radio, et là, je tombe sur radio Notre-Dame ! Cette radio me plaît beaucoup et je me mets à l'écouter dès que j'en ai l'occasion, en cachette. Cependant, à mesure que les jours passent, j'en ai assez de me cacher. Alors, je continue à écouter ouvertement cette fréquence catholique. Ma femme considère que c'est mal. Elle me répète que c'est impur mais elle me laisse faire. Par la suite, je retourne au Sacré-Cœur et je me procure une photo du cœur de Jésus. Régulièrement, je la sors en cachette dans la salle à manger, je m'agenouille et me mets en présence du Christ.

Père au foyer casher

En juillet 2002, ma mère meurt sans que nous nous soyons vraiment réconciliés, même si, ces dernières années, on se voyait régulièrement et qu'elle était proche de nos enfants. C'est pour moi une épreuve difficile à surmonter. J'ignore à ce moment que je m'apprête à vivre un événement encore plus éprouvant ! Au mois de décembre de la même année, alors que je n'ai pas encore fait le deuil de ma mère, ma femme qui est alors enceinte de notre septième enfant, apprend qu'elle est malade.

La maladie évolue et ma femme culpabilise beaucoup. « J'aurais dû t'écouter, me dit-elle, espacer les naissances. » J'essaye de la rassurer : « Ta maladie n'a rien à voir avec les enfants ! » Lorsque Chneor naît prématurément, il est mis en couveuse tandis que ma femme est soignée dans une autre partie de l'hôpital. Moi, je cours de l'un à l'autre, tout en essayant de m'occuper au mieux des six autres enfants ! J'organise leur répartition dans plusieurs familles de la communauté juive qui m'ont proposé de les garder.

Ma femme meurt le 11 mars 2004. Le médecin m'avait dit que c'était imminent. J'ai veillé sur elle toute la nuit, du mercredi soir au jeudi matin. Ensuite, j'ai dû rentrer voir les enfants à la maison. Quand je suis revenu, elle s'en était allée ! Elle a attendu que je m'absente. Je crois que je n'ai pas besoin d'expliquer la douleur que je ressens à ce moment. Je ne souhaite à personne de vivre ça ! Je pleure beaucoup. Mais je ne pense pas, comme disent les Juifs dans ces cas-là, « Dieu a donné, Dieu a repris », non, vraiment pas. Je ne suis pas révolté contre Dieu, non plus, je n'ai jamais été révolté contre Dieu. J'ai confiance en Lui. Je n'ai pas le loisir de m'appesantir sur mon chagrin. J'ai, seul dorénavant, la responsabilité de sept enfants, à consoler, à nourrir, à soigner. Rachel n'a que dix ans et Chneor, un an.

Deux mois avant le décès, j'ai confié notre dernier fils, Chneor, à ma belle-sœur. Mais ma femme m'a demandé explicitement de garder les enfants auprès de moi quand elle aurait disparu. Elle me faisait confiance pour leur éducation. Aujourd'hui, je suis fier que nos enfants soient bien éduqués, grâce à Dieu. Elle ne voulait pas qu'ils aillent habiter dans sa famille où certains ont fait des séjours pendant sa maladie. Maintenant qu'elle est partie, j'aimerais que Chneor revienne vivre avec nous ! Mais voyant que je me retrouve seul avec tous ces petits enfants, la sœur de ma femme me propose de le garder pour un temps, et j'accepte. Cette décision me coûte énormément, mais je suis conscient que je ne pourrai pas bien m'occuper de tous les enfants en même temps !

Y., mon ami d'enfance musulman, me téléphone. Il a appris la mort de ma femme. Son appel me touche énormément et me fait chaud au cœur ! Il me dit : « Rappelle-toi, nous étions amis ! Ce n'est pas parce que nous nous sommes séparés que cette amitié a disparu. Même quand on a coupé les liens, ils demeurent dans l'invisible ! Viens me rendre visite aux Canaries ! » Malheureusement, même si j'ai vraiment très envie de le revoir, je ne peux pas répondre à son invitation parce que je suis ultra-orthodoxe.

Me voilà donc père au foyer à plein temps, avec bien sûr la grâce de Dieu ! L'entraînement militaire que j'ai suivi en Israël me sert beaucoup, j'en suis sûr. Je déploie une volonté et des capacités que je ne me serais jamais soupçonnées pour tenir une maison ! Je comprends vite qu'il est impensable que je retravaille. Être père de famille casher, ça n'est pas une sinécure ! Je dois apprendre à faire la cuisine de tous les jours, les gâteaux de shabbat, le pain. Cela dit, je me découvre un plaisir à faire tout cela ! La vie quotidienne, pratique, concrète, a quelque chose de magique pour moi alors qu'auparavant, je n'aimais pas les tâches manuelles. Pourtant les repas casher nécessitent toute une organisation. Il est interdit de mélanger la viande et le lait. Il faut avoir deux vaisselles, une pour la viande et une pour le lait, et les deux vaisselles ne doivent pas se toucher, ni être lavées en même temps. Il faut deux casseroles, deux nappes, deux lavabos. On ne peut pas laver un repas de viande dans un évier où se trouve la vaisselle de lait. Le vendredi, je passe toute la journée dans ma cuisine pour préparer les repas de shabbat. Bref, ce n'est pas simple ! Avant je participais à la vie de la maison mais là, tout à coup, je dois tout gérer et c'est une autre paire de manches ! Il faut suivre la scolarité des enfants, les emmener chez l'orthophoniste, chez le psy, chez le dentiste, faire la vaisselle (nous n'avons pas de lave-vaisselle), le repassage, gérer les kilos de linge, l'administratif, faire les courses, emmener les enfants en voiture à l'école juive et aller les rechercher à la sortie, et enfin, surtout, rester disponible pour eux. Je garde toujours aussi un peu de temps pour lire, étudier et prier. Je ne me décourage jamais. Je ne me donne pas le droit de tomber malade ni physiquement, ni psychologiquement. Pourtant, j'aurais de quoi m'effondrer ! J'ignore comment j'arrive à tenir. En tout cas, pas avec mes simples forces humaines.

Permettez-moi une petite parenthèse sur ma décision d'arrêter de travailler. Je sais que ce choix et par conséquent, celui de vivre uniquement des allocations familiales et de l'allocation de solidarité spécifique, n'a pas été compris de tous. Les personnes qui me jugent ignorent sans doute ce que c'est que de s'occuper et d'éduquer seul six enfants encore petits. C'est un travail à plein temps, 24 heures sur 24, tous les jours de l'année, y compris pendant les vacances scolaires ! Les mères de familles nombreuses savent de quoi je parle ! Quelques années plus tard, quand les enfants sont un peu plus grands, j'adresse une demande au président de la communauté juive de notre ville, qui a déjà fait beaucoup pour nous, afin qu'il me trouve un emploi de bureau. Il me répond que ce n'est pas possible. Pourquoi alors, se demandent peut-être certains, est-ce que je ne me mets pas en recherche de n'importe quel travail qui me permettrait de gagner un peu d'argent ? Tout simplement parce que si j'exerçais un travail qui ne me plaît pas, je sais que ce ne serait bon ni pour moi, ni pour mes enfants. En effet, si j'étais manutentionnaire dans une grande surface, par exemple, je crois, passez-moi l'expression, que je « péterais les plombs ». Or, les enfants ont déjà été suffisamment ébranlés par la mort de leur maman et je me dois de garder un équilibre !

Peu de temps après le décès de ma femme, je me dis qu'il serait bon de déménager. Nous avons besoin de changer d'air ! C'est ainsi que nous nous installons dans un petit pavillon dans la banlieue sud-est de Paris. La communauté juive de cette banlieue m'a d'ailleurs très bien accueilli et a tout fait pour m'aider, je l'en remercie très chaleureusement. Il n'y a que deux chambres pour les six enfants mais il y a un petit jardin et c'est bien agréable ! Au départ, j'inscris les enfants à l'école juive. Mais peu de temps après, je m'aperçois que je ne peux plus payer malgré les réductions qu'on veut bien m'accorder. Je les scolarise alors dans l'école publique qui se trouve à côté de la maison, ce qui est tout de même plus pratique et moins fatigant !

Durant cette période, au début de mon veuvage, j'ai une amie juive non pratiquante. Elle m'aide énormément pendant un an. C'est elle qui m'a donné l'idée d'envoyer un mail à tous les présidents de communauté pour trouver un logement. Elle m'a accompagné pour visiter le pavillon où nous nous sommes installés. Elle a pris de son temps pour déménager nos affaires, en faisant de multiples allers-retours entre le nord et le sud de Paris. Elle m'aide à m'occuper des enfants qui l'aiment bien. Elle vit un peu avec nous et respecte les règles juives de la famille. Mais les six enfants et les contraintes de la Loi, c'est lourd pour elle ! Quant à moi, je n'arrive pas à m'attacher suffisamment !

Nous décidons alors de nous quitter. Est-ce que cette liaison était casher, vous demandez-vous ? À vrai dire, non, c'est le genre de chose qui ne se fait pas dans la communauté juive orthodoxe ! Mais à cette époque, je suis déjà un peu dissident ! Je me sens en paix avec ma conscience.

À leur tour, les personnes de la communauté juive veulent me présenter des femmes. J'en rencontre une ou deux, je joue le jeu pendant un temps mais ça ne tient pas. Je me suis mis une carapace. Quelque chose en moi ne se donne pas le droit de s'attacher. En fait, je crois que je me suis interdit de tomber amoureux ! Si je m'engage dans une histoire qui ne marche pas, ça risque de m'affecter. Or, je ne peux pas me permettre d'être préoccupé par autre chose que les enfants ! Et, de toute façon, je ne souffre pas vraiment de solitude !

Paradoxalement, pendant les trois années qui suivent la mort de ma femme, alors que je suis désormais « libre » d'agir comme je veux, je ne vais jamais à l'église et je ne porte pas la croix. Je ne rachète pas les Évangiles et je ne médite plus. Non pas parce que je me sens coupable vis-à-vis de ma femme, c'est juste que je n'y pense plus ! Pourtant, quand je passe devant une église, j'ai toujours envie d'y entrer. Pour moi, avec le recul, cette période de latence est le signe que cette attirance pour Jésus n'est pas sentimentale. Ma relation avec le Christ ne vient pas meubler une forme de solitude. Sinon je me serais jeté dans Ses bras après la disparition de ma femme ! Non, l'amour du Christ ne comble pas un manque affectif. D'ailleurs, cette relation avec Jésus s'enracine dans mon enfance et mon adolescence, des périodes de ma vie où je n'ai jamais été privé d'amour sur le plan humain.

Parallèlement, je prends un peu de distance à l'égard de la communauté juive. Ma foi et ma pratique n'ont pas changé mais je ne vais plus régulièrement à la synagogue. Je suis fatigué. Je préfère rester au calme avec les enfants, vivre à mon rythme et pas aux rythmes des prières imposées par la synagogue ! De plus en plus, je ressens le besoin d'une relation plus personnelle et moins formelle à Dieu. La liturgie à la synagogue telle qu'elle est organisée ne me permet pas de rester dans l'intériorité : tout va très vite, on n'arrête pas de lire, et de lire encore. Quand je prie un psaume, parfois un mot m'accroche et j'ai envie de m'y arrêter pour le méditer. À la synagogue, ce n'est pas possible, il faut enchaîner ! On n'a pas de moment seul à seul avec Dieu. On prie tous ensemble, tout le temps. Alors, je vis Dieu à la maison ! Je vais dans ma chambre, je chante, je danse ! Je prie à mon rythme !

Lustiger me fait signe sur la plage, à Trouville

Bien sûr les seules allocations que nous touchons ne nous permettent plus de partir en vacances ! Alors, parfois, lorsqu'il fait beau, nous faisons tous un aller-retour à Trouville en train, avec les 75 % de réduction de notre carte famille nombreuse. Et c'est là, sur la plage, alors que je ne suis ni en méditation ni en contemplation, que le lundi 6 août 2007, trois ans après le décès de ma femme, ma vie se met à basculer ! Les enfants sont en train de jouer au bord de la mer. Moi, je m'éloigne un peu, laissant Rachel, qui a 13 ans, surveiller les plus jeunes. Tandis que je marche dans le sable, mes yeux se posent soudain sur un grand calvaire qui surplombe la plage. Et là, comme par le passé, alors que je ne m'y attendais pas du tout, il se passe quelque chose de très fort en moi. Je me sens à nouveau attiré par le Christ !

Je reviens vers les enfants et je m'assois, un peu chamboulé par ce qui vient de m'arriver. Je me mets à feuilleter un livre de théologie juive pendant qu'ils continuent de jouer autour de moi. Tout à coup, mon corps est parcouru de grands frissons alors qu'il fait très chaud ! Je ne sais pas ce qui m'arrive ! Je ne sais pas non plus pourquoi je dis à ce moment-là en m'adressant à mes enfants : « Le cardinal Lustiger est en train de mourir à l'hôpital ! » J'ignore complètement d'où ça sort !

Nous ne reprenons le train qu'à 20 heures et nous arrivons tard à la maison. D'habitude, en rentrant, je leur fais prendre leur bain. Mais cette fois-ci, je suis troublé et j'ai besoin d'être seul. Je demande donc aux grandes de s'occuper des garçons. Je les prie de ne pas me déranger et je m'enferme dans ma chambre. Là, j'allume la télévision et, en zappant, je tombe sur la chaîne catholique KTO. Quelle n'est pas alors ma stupéfaction en entendant le journaliste annoncer que le cardinal Lustiger est décédé la veille ! C'est un véritable choc ! Nous sommes le lundi 6 août 2007. L'Église célèbre en ce jour la Transfiguration du Christ. La Transfiguration est ce moment extraordinaire où Jésus emmène trois de ses apôtres sur la montagne. Là, il leur apparaît transfiguré d'une blancheur éclatante, encadré de Moïse et d'Élie.

Cette fois, l'appel est clair ! Le cardinal Lustiger est venu à ma rencontre. Jean-Marie Lustiger, Juif converti, m'a fait signe ! Le Christ est passé par lui. C'est aussi simple que ça ! Voilà l'événement qui va tout déclencher. À ce moment, je ne me dis pas explicitement : « Cette fois, c'est bon, je vais me convertir ! » Non. Je me contente de vivre cette expérience, de suivre ce qui se passe, sans me projeter dans le futur. Je me promets d'aller voir un prêtre de l'Église catholique, au mois de septembre, quand les enfants seront rentrés en classe et que j'aurai plus de temps.

Je m'endors avec cette décision. Mais finalement, le Seigneur va me devancer ! En effet, en pleine nuit, alors que je suis en train de dormir paisiblement, je suis soudain réveillé par les mêmes frissons qui m'ont saisi sur la plage ! Et là, je me mets à ressentir très fortement la présence du Christ dans ma chambre et même dans mon corps ! Cela dépasse même le simple ressenti. Je ne le vois pas mais je lui parle et je me prosterne. Si quelqu'un me surprenait à ce moment-là, il me prendrait pour un fou furieux, c'est certain !

C'est la première fois que ça m'arrive mais ce n'est pas la dernière. En effet, à plusieurs reprises, vers deux heures du matin, je suis réveillé en pleine nuit par ces frissons et cette présence. Jusqu'à sept heures, je ne parviens pas à me rendormir. Comme je n'ai pas mon compte de sommeil, j'ai peur d'être fatigué et que le bon fonctionnement du foyer en pâtisse. Mais à mon grand étonnement, je ne ressens aucune fatigue supplémentaire ! Rien ne change dans le cours de ma vie quotidienne, si ce n'est ma relation avec Dieu. En effet, le jour, sans être exalté, je vis des moments incroyables, une paix, un très grand plaisir, un divin amour, un face-à-face avec Dieu, une relation intime, que je n'ai jamais connus auparavant. Un avant-goût de la vie éternelle peut-être ? De nombreuses autres personnes ont fait cette expérience de ravissement amoureux, mais on ne peut pas l'expliquer par des mots. Il faut le vivre pour le croire.

Avec le recul, je me dis qu'il est heureux que je ne sois pas allé voir des gens d'Église à ce moment-là. Ils se seraient probablement montrés méfiants et cela m'aurait éloigné d'eux. En effet, il me semble que certains responsables d'Église sont trop « du monde » et pas assez audacieux. En revanche, Benoît XVI est diplomate et prudent mais pas timoré. Bien sûr, je peux comprendre qu'un prêtre à qui je serais allé dire, avec ma barbe et mon chapeau, que je suis attiré par la croix, que Monseigneur Lustiger m'a fait signe sur la plage à Trouville et que j'ai des frissons mystiques la nuit, se montrât perplexe. Et bien sûr, je suis tout à fait conscient qu'il faut faire attention à ce genre de phénomènes spirituels. Les plus grands saints mystiques l'ont dit et redit. Il convient de les accueillir et ensuite de discerner. Mais il y a une différence entre la vertu de prudence, comme l'explique saint Thomas d'Aquin, et la frilosité spirituelle. Certains hiérarques de l'Église ont peur qu'on les prenne pour des fous ! L'Église, en France, se censure trop, me semble-t-il, par crainte de ce que l'on va penser d'elle. Par conséquent, il n'est pas étonnant que certains catholiques manquent autant d'assurance. D'ailleurs, un Juif en France est bien mieux considéré et respecté qu'un catholique. Je vais bientôt m'en rendre compte, en en faisant moi-même l'expérience.

Jean-Paul II me fait signe à la télévision

Je voudrais insister sur un point capital à mes yeux : le surnaturel passe dans nos vies par le naturel. Il n'y a pas un espace et un temps pour Dieu d'un côté et nos vies de l'autre. Il y a une connexion entre les deux. D'ailleurs, avec l'Incarnation, Dieu a assumé toutes nos vies. Il nous rejoint par des intermédiaires les plus anodins, et par des personnes humaines ! Voyez comment il va s'y prendre avec moi.

Quelque temps plus tard, au mois de septembre 2007, je suis devant la télévision avec les enfants, en train de zapper de chaîne en chaîne pour essayer de trouver une bonne émission, lorsque je tombe « par hasard » sur un film qui raconte la vie de Karol Wojtyla. J'avoue que je ne connais pas grand-chose de lui à part ce qu'en disent les informations et, honnêtement, je n'ai jamais éprouvé un quelconque intérêt pour Jean-Paul II ! Cependant, aussi fou que ça puisse paraître, une scène de ce téléfilm me touche et m'interpelle. Lorsque le futur Jean-Paul II est jeune et qu'il fait du théâtre et de la philosophie, un homme lui donne un livre de saint Jean de la Croix. Plus tard, il l'offre à son tour à l'un de ses amis juifs. Au moment précis où j'entends le mot « croix » et le nom « Jean », je suis pris d'un sursaut et je me dis : « Ce livre est pour moi, il me le faut ! » Aussitôt, je prémédite d'aller l'acheter, dès que possible. Voilà comment le Seigneur s'y est pris pour me mettre en route ! Ce qui va me pousser à agir n'est pas la relation mystique que j'entretiens avec le Christ depuis que j'ai huit ans (bien que, adolescent, j'aie déjà fait une tentative de conversion mais qui a échoué car le prêtre m'a laissé seul dans le confessionnal) mais tout simplement ce téléfilm ! C'est à partir de ce moment précis que tout s'enchaîne, comme une cascade de dominos ! Car c'est dans les minuscules péripéties de notre vie ordinaire que Dieu nous fait signe. Il nous parle vraiment dans le détail de notre quotidien. Sa transcendance s'exprime dans notre humanité, dans nos limites.

Cette scène devant la télévision est tout de même incroyable ! Il faut s'imaginer une famille juive orthodoxe littéralement scotchée devant un film sur le Pape ! Et qui s'empresse de regarder la suite les jours suivants ! En regardant le film, je me mets à pleurer doucement. C'est la première fois que je pleure de cette façon-là. Ce n'est pas de la tristesse, mais une forme d'attirance. Quand l'âme ne peut plus exprimer ce qu'elle vit avec des mots, elle s'écoule par les larmes. Mais bien vite, je me reprends : ma raison arrive à ma rescousse ! « Eh ! Calme-toi, me dit-elle, tu n'as jamais lu ce que ce Pape a écrit ! Ce n'est pas ton rabbi ! En plus, ce n'est pas lui qui est à l'écran mais un acteur ! » Malgré tout, je ne peux pas nier cette émotion qui me submerge. Pourquoi me suis-je mis à pleurer, nom d'une pipe ? Pourquoi ai-je l'impression si forte que ce film m'est adressé, que Quelqu'un s'adresse à moi à travers lui ? Étrangement, les enfants aussi sont complètement captivés par le film ! Eux aussi se mettent à aimer Jean-Paul II alors qu'ils ne connaissaient même pas son nom hier encore !

C'est à partir de ce moment que je commence à retourner à la messe. Chaque dimanche, je me rends dans une église un peu éloignée de mon quartier pour ne pas être repéré.

Où sont les catholiques ?

Comme je vous le disais, depuis que j'ai vu ce téléfilm, je n'ai plus qu'une idée en tête : me procurer à tout prix le livre de saint Jean de la Croix que Karol Wojtyla avait offert à son ami juif. Où donc vais-je le trouver ? Je décide de me rendre d'abord à la FNAC cette grande librairie. Mais, contrairement aux apparences, aller là-bas n'est pas si simple. Une fois de plus, les mères de famille me comprendront ! En effet, le premier obstacle qui se présente à moi est de trouver du temps pour y aller car, dans mes journées, tout est chronométré. Je me mets en route un après-midi. Je file à la FNAC Saint-Lazare qui se trouve au bout de ma ligne de métro, la ligne 14. C'est une course contre la montre qui commence sachant que je dois absolument être de retour avant que les enfants ne rentrent de l'école ! En sortant du métro, je cours jusqu'à la FNAC et je monte les escaliers quatre à quatre jusqu'à la librairie. Je me précipite au rayon religion. Je suis complètement essoufflé ! Je cherche le livre de saint Jean de la Croix mais je ne le vois pas. Je me dépêche d'aller me renseigner auprès d'un libraire. Ce dernier me conseille de me rendre à la Procure. Je lui réponds que je ne connais pas cette librairie. Il me regarde alors avec de grands yeux. Il a l'air de trouver étonnant le fait qu'un homme qui souhaite lire saint Jean de la Croix ne connaisse pas la Procure ! J'invente alors une histoire, je bafouille que je ne suis pas de Paris. Il me donne l'adresse et la station de métro à laquelle je dois descendre. Cependant, il est déjà trop tard pour que je m'y rende. Je rentre donc chez moi avec l'adresse dans ma poche.

Quelques jours plus tard, je peux enfin aller à la Procure. En entrant dans la librairie, j'ai l'étrange impression d'y être déjà venu. Pourtant, il y a peu de chances que ce soit le cas ! Pour ne pas perdre de temps, je me dirige aussitôt vers une libraire, au hasard, et je lui demande si elle a des livres de saint Jean de la Croix. Elle me regarde, surprise, comme si c'était une évidence ! Je suis soulagé et aussi très impatient ! Je lui demande où ils se trouvent. « Au rayon des saints », me répond-elle. Ça ne me dit pas grand-chose ! Elle m'y accompagne. Je tire un livre au hasard dans le rayonnage. Il s'agit de *La vive flamme d'amour*, un livre qu'il a écrit pour une laïque. C'est son dernier ouvrage, celui qui résume tous les autres. Je l'ouvre sur place et je le parcours. Tout d'un coup, j'ai comme un flash-back, une étincelle : je me souviens d'un songe que j'ai fait il y a quelques jours et dans lequel je me voyais dans une librairie en train de lire saint Jean de la Croix. Eh bien, c'était là, je reconnais précisément les lieux ! Décidément, j'ai l'impression de vivre dans un film fantastique !

Ni une ni deux, je décide d'acheter tous les livres de saint Jean de la Croix en livre de poche ainsi que les Évangiles. Je ne les ai plus ouverts depuis que je les ai jetés sur l'injonction de ma femme, suite au cambriolage, il y a plus de dix ans. En sortant de la librairie, je me dis que je ne peux plus rester seul, qu'il faut que je trouve quelqu'un avec qui je pourrais parler de tout ça. Cette fois, je dois aller jusqu'au bout ! Mais comment m'y prendre ? Qui aller trouver ?

Pourquoi ne vais-je pas voir un prêtre dans une église, demandez-vous ? Évidemment, j'y ai pensé mais c'est plus facile à dire qu'à faire ! Surtout après cette rencontre ratée au Sacré-Cœur quand j'étais adolescent qui m'a laissé un très mauvais souvenir ! Le prêtre, au lieu de me prendre par la main, de me dire, « Viens mon fils je vais te faire rencontrer quelqu'un », m'avait laissé seul ! Ce genre de mauvaise expérience peut marquer la mémoire et faire obstacle à des retrouvailles avec le Christ.

J'aimerais donc rencontrer un catholique en dehors du cadre d'une église. Cependant, je ne sais pas comment y parvenir. En effet, l'Église catholique n'est jamais venue vers moi. Les Témoins de Jéhovah, oui, je m'en souviens ! Mais aucun catholique ne m'a jamais abordé dans la rue. Je n'ai jamais reçu de lettres du curé dans ma boîte aux lettres non plus. Certes, il existe des communautés nouvelles, dans l'Église catholique, qui sont très actives dans l'évangélisation, c'est-à-dire dans l'annonce de la foi, et qui vont au-devant des gens. Mais c'est une goutte d'eau dans un océan ! À ce moment-là, je me pose une question : où sont les catholiques ? Lorsqu'on les cherche, on ne sait pas où les trouver ! C'est une grande nécessité, me semble-t-il, que les chrétiens témoignent en portant un signe qui permette de les reconnaître. C'est vrai :

pourquoi seuls les prêtres et les religieuses devraient-ils avoir un signe distinctif? Pourquoi les catholiques laïcs sont-ils si peu nombreux à porter une croix autour du cou ou bien une médaille de la Vierge Marie? À trop vouloir s'insérer dans le monde, on se laisse « bouffer » par l'esprit mondain. Il ne faut pas avoir peur! Jean Paul II l'a clamé: « N'ayez pas peur! » « Si le monde vous hait, sachez qu'il m'a haï avant vous », dit Jésus, en Jean, 15. Bien sûr, il ne s'agit pas de provoquer ni de choquer, mais d'être cohérent avec soi-même. Comment puis-je témoigner du Christ à travers mes actes si les gens qui sont autour de moi ne savent pas que je suis chrétien?

Je décide alors de retourner à la Procure afin de trouver des catholiques. Mais je suis tellement dans ma bulle juive, que dans mon esprit, comme je l'ai dit plus haut, un catholique doit porter un signe distinctif, comme un juif orthodoxe! Du coup, je n'en trouve pas. Alors je vais voir une autre libraire, au hasard. Je lui demande si elle connaît des catholiques qui suivent saint Jean de la Croix, comme un Juif suit un rabbi!

— Vous cherchez des Carmes, me dit-elle.

— Oui, dis-je, sans savoir de quoi elle parle.

— Vous avez de la chance!

— Pourquoi?

— Je suis oblate des Carmes!

— Qu'est-ce que c'est?

Elle paraît étonnée, mais elle s'explique. Les oblats sont des laïcs rattachés à un ordre religieux. Elle me demande ensuite si je souhaite rencontrer un prêtre et me donne le numéro de téléphone du père Y. C'est incroyable ! Je n'en reviens pas : je tombe du premier coup sur une oblate des Carmes, dans une librairie religieuse certes mais tous les libraires de La Procure ne sont pas forcément chrétiens et encore moins proches de la spiritualité de saint Jean de la Croix !

Je me sens vraiment conduit. C'est ça la vie charismatique, et ce n'est pas réservé à une communauté ou à un courant d'Église dit « charismatique ». La vie charismatique consiste à se laisser faire et guider par l'Esprit Saint dans la vie de tous les jours, en toutes circonstances. C'est comme si on était un bateau : on va beaucoup plus vite si on hisse les voiles pour que le vent de l'Esprit y souffle. Sinon, on rame, et on passe à côté des personnes qu'il place sur notre route, des signes qu'il nous adresse. Chaque chrétien est appelé à vivre ainsi avec l'Esprit Saint dans sa vie de famille ou de travail, dans sa vie sociale, et pas seulement en le priant lors de moments dévolus à la vie spirituelle. La vie spirituelle ne fait qu'un avec la vie naturelle, même si les temps consacrés à l'oraison ou à d'autres formes de prière sont vitaux.

Depuis ce jour, tous les matins, je lis saint Jean de la Croix au petit déjeuner. J'apprécie beaucoup ce qu'il a écrit car c'est fondé sur la parole vécue et expérimentée. Je le lis même quand je n'en ai pas envie. Par fidélité. C'est mon grand frère.

Essais de dialogue judéo-chrétien

Je laisse passer quelques jours. Puis je me décide enfin à appeler le père Y. Je me présente, je lui explique qu'une libraire de la Procure m'a donné son numéro, que je suis Juif et que je m'intéresse au Christ. Il m'écoute et me propose de venir le rencontrer chez lui, Porte d'Auteuil.

Au cours de l'automne, je me rends chez lui régulièrement. Lors de ces rencontres, nous échangeons beaucoup sur saint Jean de la Croix. Ce que je vis alors, c'est pour moi le vrai dialogue judéo-chrétien. Chacun est fidèle à lui-même, ni l'un ni l'autre ne se renie. Il m'explique saint Jean de la Croix à partir de sa formation. Et moi, je lui explique comment je le comprends à partir de ma culture juive, philosophique et mystique. Le père Y. accueille ce que je lui dis. Il ne se montre jamais péremptoire ou arrogant avec moi. Il ne me dit pas : « Un jour tu comprendras ! » D'ailleurs, je sens qu'il ne cherche aucunement à m'influencer. Au fil de nos discussions, je m'aperçois que les mots n'ont pas forcément le même sens dans toutes les cultures. Par conséquent, on ne peut ne pas se comprendre tant qu'on n'a pas pris la précaution de se mettre d'accord sur le sens des mots. Par exemple, le mot chair pour saint Paul ou pour un Juif n'a pas le même sens que pour un Grec !

Le père Y. est exceptionnel par son humilité. Lorsqu'on est enraciné en Dieu et dans l'Église, on n'a pas peur d'écouter des opinions différentes, on peut se laisser enrichir par des points de vue nouveaux sans être déstabilisé sur l'essentiel. J'ai déjà dit précédemment ce que je pense du dialogue interreligieux quand il n'est pas fondé en vérité. Ce que j'expérimente avec le père Y. me prouve qu'un dialogue théologique fécond entre Juifs et chrétiens est possible. D'ailleurs, il en existe d'autres exemples, comme celui de saint Bernard de Clairvaux qui est allé étudier chez les rabbins à Troyes. Il s'est opposé aux pogroms et a voulu voir par lui-même comment étudiaient les exégètes juifs qui l'ont beaucoup intéressé. Mais il ne craignait pas de dire que la vérité était au sein de l'Église. Autre exemple : dans ses *Entretiens sur le Notre Père*, le cardinal Journet utilise un concept de la théologie mystique juive, le phénomène de la contraction de Dieu au moment de la Création. Saint Jean de la Croix, lui aussi, dialoguait avec un théologien mystique juif espagnol de son époque.

Mes rencontres avec l'Église et mes tentatives de dialogue avec ses représentants ne seront pas toujours aussi fructueuses. En effet, par la suite, il va souvent m'arriver de croiser des prêtres qui n'ont pas la capacité d'écoute du père Y. et qui chercheront à m'imposer leur point de vue. Ma lecture chrétienne de l'Ancien Testament leur fait peur parce qu'ils imaginent qu'elle met à mal le dialogue judéo-chrétien, ou le magistère et la Tradition de l'Église. En France, où l'on a vite tendance à croire que l'on n'a rien à apprendre de nouveau, beaucoup de prêtres idolâtrent leur intelligence. Ils parlent à travers la culture française et leur propre formation, elles-mêmes influencées par le siècle des Lumières et par Descartes. J'aime pouvoir discuter avec des théologiens de questions qui, dans l'ordre de l'explicitation de la foi ou des Écritures, restent à approfondir. Or je dois dire que je me trouve souvent confronté à un manque d'ouverture en ce domaine et j'en souffre ! D'ailleurs, je rencontre le même phénomène chez les sœurs et chez les laïcs. L'attitude de certains prêtres aurait pu me braquer mais j'ai compris qu'ils sont des hommes et que, comme tout le monde, ils ont un tempérament, des blessures d'enfance, des défauts. Le prêtre est un être humain comme vous et moi. Ce n'est pas un pur esprit. Bien sûr, en vertu du sacrement de l'ordre qui le fait agir *in persona Christi*, au moment de la consécration, il a une responsabilité qui le dépasse car il n'engage pas que sa propre personne ! Cependant, il serait trop facile de jeter la pierre à toute l'Église parce que certains prêtres ou évêques se comportent mal, ou pas comme on le souhaiterait. En effet, il y en a aussi de formidables !

Après mon baptême et quand je vais commencer à enseigner, je vais en rencontrer avec lesquels j'aurai de vrais échanges intellectuels et spirituels. Pendant un an tout d'abord, je vais retrouver chaque mois le père Thibault, Frère de saint Jean, théologien, avec lequel je discuterai de la pensée de saint Thomas d'Aquin. Mon évêque, Mgr Santier, qui est un vrai père pour moi, m'offre depuis deux ans une formation en théologie et me missionne dans mon apostolat aujourd'hui auprès de l'Église catholique pour tout public en France et à l'étranger. C'est le doyen de théologie des Frères de Saint-Jean qui est mon tuteur. Nous avons des discussions riches et libres. Je rencontre aussi régulièrement Mgr Aupetit, évêque auxiliaire de Paris, et nous discutons agréablement. Il m'a demandé d'intervenir auprès des prêtres de Paris dans le cadre de leur formation continue.

Aujourd'hui, missionné par Mgr Santier pour donner des conférences et prêcher des retraites en France et à l'étranger, j'ai l'occasion de découvrir toute la palette de l'Église, dans sa variété et ses richesses, avec ses insuffisances et ses beautés ! Au début, parce que certaines personnes m'avaient fermé leur porte, notamment après mon baptême, je me disais que l'Église n'était pas accueillante. Maintenant, mon regard a changé. J'ai appris à aimer l'Église, ou plutôt Jésus m'a appris à l'aimer comme Lui l'aime : à en mourir ! Quand Il est mort sur la croix, Il savait très bien que l'Église, la communauté des premiers chrétiens, n'était pas parfaite. Et c'est normal car l'Église est composée de ses membres, d'individus. Ainsi, une dimension de l'Église est divine et sainte puisqu'elle trouve son fondement en Jésus et l'autre est pécheresse. Sur le plan anthropologique, il s'agit du même conflit qui se joue en chacun entre l'homme nouveau, l'enfant de Dieu, qui ne pèche pas, et le vieil homme qui correspond à notre humanité. Il est bon de se rappeler que l'Église est fondée sur Pierre, le même Pierre qui a renié Jésus le soir de son procès, qui n'était pas présent quand Il fut crucifié et qui n'a pas cru Marie-Madeleine quand, au matin de la résurrection, elle est venue lui annoncer qu'elle L'avait vu. Et pourtant, après tout cela, Jésus n'a pas dit à Pierre : « Parce que tu n'as pas été à la hauteur, je te vire, tu n'es plus digne d'être la pierre sur laquelle je veux fonder mon Église ! » En revanche, il lui a demandé par trois fois : « M'aimes-tu ? » (Jean 21).

Je remarque aussi qu'au travers des siècles, dans son mariage d'amour avec l'Église, malgré toutes les infidélités de celle-ci, le Christ n'a jamais divorcé. Alors oui, il est pénible de rencontrer des prêtres qui nous ferment la porte de leur église. Mais l'Église est belle, sainte dans son union au Christ, et indispensable pour nous donner Jésus ! C'est étonnant, mais peu à peu, je me suis mis à voir et à vivre l'Église comme l'épouse du Christ et notre mère qui nous enfante en Dieu. Revenons au père Y. ! Au cours de notre discussion, il m'explique que les Évangiles sont le plein accomplissement des Écritures. Alors, je l'interroge :

— Où voit-on dans l'Ancien Testament que le Messie doit naître d'une jeune vierge ?

— Isaïe 7,14.

— Ça ne fonctionne pas ! lui dis-je.

Il me regarde d'un air perplexe :

— Pourquoi est-ce que ça ne fonctionne pas ?

— Parce qu'il y a écrit « alma » qui veut dire « jeune fille ». Ce mot qu'on a traduit par vierge désignait toutes les femmes non mariées. Une vierge enfantera, en langage biblique, ça signifie tout bonnement : une femme va enfanter, ni plus ni moins, et pas qu'elle va enfanter virginalement ! De plus, pour que cela corresponde à la prophétie d'Isaïe, l'ange Gabriel, au moment de l'annonciation, dans l'évangile de saint Luc, aurait dû appeler l'enfant de Marie Emmanuel...

Je me sens totalement désarmé par l'humilité christique, magnifique, du père Y. En effet, à aucun moment, il n'essaie de me convaincre ! Il me répond que la virginité de Marie, c'est une question de foi. Mais il n'y a rien à faire, je ne suis pas convaincu ! D'ailleurs, je suis très fermé sur toutes les questions qui tournent autour de la Vierge Marie et le père Y. va rapidement s'en apercevoir. Ce jour-là, il n'insiste pas. Cependant, la question de la Vierge Marie va revenir très vite sur le tapis. En effet, un autre jour, il se remet à m'en parler. Je lui réponds :

— Je n'en veux pas de la Vierge Marie !

Il me regarde, interrogateur.

— Non, je n'en veux pas.

— Pourquoi ?

Il cherche à comprendre ma réticence. Un autre aurait dit « Mais si ! La Vierge Marie, c'est une intermédiaire ! » Mais lui, non. Il poursuit :

— Pourquoi dis-tu que prier la Vierge Marie, c'est de l'idolâtrie ?

— Quand je vois sur KTO toutes ces processions à Lourdes, ces bougies et ces prosternations devant des statues, c'est comme les idoles en Asie, en Afrique ou dans la Bible.

Il ne répond pas et nous reprenons la lecture de saint Jean de la Croix. Une fois de plus, il ne cherche pas à me persuader de quoi que ce soit.

Je tombe amoureux de Marie

Durant cette période où je rencontre régulièrement le père Y., il m'arrive encore d'être réveillé la nuit par des frissons et de me retrouver en présence de Jésus. Alors que jusqu'ici je n'en avais jamais parlé à personne, je décide de me confier à mon nouvel ami. Ce jour-là, il m'écoute mais il ne répond rien de particulier. Nous continuons à parler de saint Jean de la Croix. La fois suivante, en revanche, il me pose une batterie de questions sur ce qui m'arrive pendant la nuit. J'ai l'impression de subir un véritable interrogatoire ! Sur le coup, je me dis que j'aurais mieux fait de me taire. Il désire tout savoir : à quelle heure ça m'arrive, dans quel état de conscience je me trouve à ce moment-là, comment je me sens ensuite dans la journée, est-ce qu'une voix intérieure me parle, etc. Au moins, me dis-je, il prend ça au sérieux !

Un autre jour, il me demande si je suis toujours réveillé pendant la nuit. Je lui réponds par l'affirmative. Il me conseille alors de dire un chapelet la prochaine fois que je commencerai à ressentir ces fameux frissons. Je lui réponds :

— Je veux bien, mais c'est quoi un chapelet ?

— Ce sont des méditations.

— OK, je connais, on médite aussi chez les Juifs ! Expliquez-moi.

— Il s'agit de dire un « Notre Père » et dix « Je vous salue Marie ».

— Ah non ! Je vous l'ai déjà dit : je n'en veux pas de Marie !

Je lui propose alors un deal :

— Si vous voulez, je peux dire onze « Notre Père » à la place des dix « Je vous salue Marie » !

Il sourit :

— Non, ce n'est pas possible ! J'ai autre chose à te proposer : tu dis « Je te salue Marie » comme si tu lui disais bonjour, sans statue et sans te mettre à genoux.

Il me tend alors un dépliant sur les cinq mystères lumineux médités par Jean-Paul II et il m'explique comment prier un mystère à chaque dizaine de chapelet. En moi-même, je me dis : « Tiens, encore Jean-Paul II ! » J'y vois un clin d'œil alors j'accepte ! En partant, le père Y. me demande de lui téléphoner pour lui raconter ce qui se produira. En fait, je comprendrai plus tard qu'il voulait vérifier que ces phénomènes nocturnes ne venaient pas du démon. Car Marie fait reculer le démon.

En sortant de chez lui ce jour-là, je suis tout excité et je me demande comment je vais faire pour patienter jusqu'au soir ! La soirée avec les enfants me paraît interminable. Je n'ai qu'une hâte : qu'ils soient couchés et que je puisse me retrouver seul pour regarder le dépliant. Le moment arrive enfin où je peux m'enfermer dans ma chambre ! J'entreprends alors de m'aider grâce à un chapelet et au dépliant afin d'être opérationnel au moment où je serai réveillé.

Je suis nerveux comme si je m'apprêtais à passer un examen ! Je récite donc mes quatre chapelets, le joyeux, le lumineux, le douloureux, le glorieux avant de me coucher. Ensuite, je sombre dans le sommeil et je dors comme un bébé… jusqu'au matin ! D'ailleurs, depuis ce chapelet, je ne serai plus jamais réveillé la nuit ! En revanche, le lendemain en ouvrant les yeux, je suis empli d'un désir fou de me prosterner aux pieds de Marie et de l'aimer ! C'est incroyable, non ? Jésus m'amène à Marie, sa mère, alors que d'habitude c'est l'inverse : on va à Jésus par Marie.

De plus en plus, je suis tiraillé intérieurement entre ce que je vis dans mon cœur et ce que me dit ma raison. Je n'en peux plus ! Pour trouver une solution à ce dilemme intérieur, je décide d'accorder trois mois à mon cœur pour faire ses expériences et de mettre ma raison de côté pendant ce temps. À l'issue de ces trois mois, je tirerai mes conclusions. Pour commencer, je retourne à la Procure. Je me promène dans les rayons et je tombe sur un livre qui attire mon attention. Il s'agit de *La vraie dévotion mariale* de saint Louis-Marie Grignion de Montfort. Cet auteur m'est parfaitement inconnu. Je l'achète et j'en entreprends aussitôt la lecture. Ce livre me révèle que, comme Dieu est passé par Marie pour rejoindre l'homme, Il souhaite qu'on passe à notre tour par Marie pour Le rejoindre. Quelle délicatesse mystérieuse !

Peu de temps après, un soir, alors que je ne parviens pas à m'endormir, je reçois comme une parole intérieure. Celle-ci m'explique pourquoi Marie devait être vierge pour recevoir le Messie, et elle le fait par le biais de la théologie mystique juive ! Selon la tradition,

Sara, la femme d'Abraham, était stérile parce qu'il fallait rompre l'enchaînement naturel depuis le péché d'Ève pour qu'elle donne naissance à une nation pure. Il fallait une forme de mort et de renaissance. Pour qu'Isaac soit pur, son réceptacle devait être pur. Cette notion d'adéquation entre le réceptacle et le contenu est fondamentale dans la théologie mystique juive. On met de l'eau dans un verre et pas dans une assiette plate ! On retrouve cette même idée dans le chapitre 1 de l'Exode. En effet, on y raconte qu'un homme partit prendre une jeune fille dans la tribu de Lévi. De leur union naîtra Moïse. Or, on sait que cette jeune fille avait déjà deux enfants, Myriam et Aaron. Alors pourquoi les Écritures disent-elles que la mère de Moïse était une jeune fille, comme si elle était vierge ? Le Talmud explique : Dieu a fait un miracle en rendant sa virginité à la mère de Moïse parce qu'il fallait que le sauveur d'Israël soit né d'une mère intacte. Cette « révélation » a un tel impact sur moi qu'à ce moment-là, Marie entre totalement dans mon cœur !

Les Sœurs de Bethléem

Nous sommes en novembre 2007. Plusieurs mois se sont écoulés depuis le jour où Jean-Marie Lustiger m'a fait signe sur la plage à Trouville. Depuis quelques temps, j'ai pris l'habitude de venir faire un tour dans l'église Saint-Augustin l'après-midi, pendant que les enfants sont à l'école. Cette église est très grande, circulaire, et elle possède plusieurs chapelles. Dans l'une d'elles, là où Charles de Foucauld s'est converti, il y a un magnifique crucifix, un vrai, avec Jésus en croix. C'est ici que je viens m'asseoir, toujours à la même place, en face de Lui. Pour le moment, je ne connais pas Charles de Foucauld et je ne viens pas ici pour lui mais, avec le recul, je me dis que ce lieu de conversion est important et, qui sait, peut-être a-t-il joué un rôle au ciel dans ma conversion ?

Un jour, en arrivant dans la chapelle, je m'aperçois qu'une religieuse est assise sur « ma » chaise. Comme je commence à croire qu'il n'y a pas de coïncidences, je décide de lui parler. Nous discutons un peu. Elle m'apprend qu'elle est une petite sœur de Bethléem et qu'elle vient de Fontainebleau. Les petites sœurs de Bethléem sont des contemplatives cloîtrées qui ne sortent en principe jamais de leur monastère. Jamais ?

Alors que fait-elle ici, sur ma chaise, aujourd'hui, au moment même où je suis entré dans cette église ? Me mettre sur le chemin de l'Église, en tout cas, ça c'est certain ! En effet, elle me suggère d'aller voir la prieure des Sœurs de Bethléem, place Victor-Hugo, à Paris.

Très peu de temps après, je me rends donc à cette adresse. Je rentre par la boutique, sur le côté, et je demande à rencontrer une religieuse. On me présente alors sœur Ch. à qui je raconte mon histoire et mon attirance pour Jésus. Elle m'écoute puis elle me dit que je dois absolument rencontrer une certaine sœur P. Ce que je fais. La première fois, nous échangeons un bon moment au parloir. Elle me propose de repasser la voir quand je le désire. Je ne me fais pas prier : j'y retourne aussi souvent que je le peux ! C'est ainsi que commencent des heures et des heures de discussion !

Au mois de décembre 2007, Sœur P. me propose de venir passer Noël au monastère. Quelle joie ! J'en ai tellement rêvé depuis mon enfance : je vais enfin fêter Noël dans une église ! Évidemment, j'accepte aussitôt son invitation. Elle me suggère de dormir sur place et me promet que je pourrai manger casher. D'ailleurs, ce ne sera pas très compliqué pour les sœurs car dans l'une des rues proches de leur monastère se trouvent toutes sortes de boutiques juives. Ce jour-là, en rentrant chez moi, je suis tout ému. J'ai du mal à y croire ! Une chanson d'Enrico Macias, « Noël à Jérusalem », me trotte dans la tête. Quoique pour moi, ce serait plutôt « Noël à Bethléem » ! Le jour J arrive. J'attends que les enfants soient endormis pour m'éclipser. Ils sont sous la surveillance de Rachel à qui j'ai laissé mon numéro de téléphone au cas où. Je ne leur ai pas dit où je vais. Ça me fait quelque chose de les laisser seuls pour la nuit, c'est la première fois que ça arrive ! Mais je sens qu'il faut que j'y aille. Sur le trajet, je prie pour que rien ne leur arrive.

La messe est magnifique ! Je communie au corps et au sang du Christ. Sœur P. n'en revient pas et quand, plus tard, je lui avouerai que j'ai communié la première fois à l'âge de treize ans, elle sera stupéfaite ! Ensuite, comme les Sœurs, je prends mon repas dans une cellule. Enfin, je me couche. Dormir dans le monastère est pour moi une expérience très émouvante. Je suis impressionné par le silence incroyable qui règne ! Je vis un grand moment de recueillement et d'apaisement. Je me sens totalement coupé du monde. Je goûte à une paix et une joie intérieures que je n'ai connues nulle part ailleurs !

Au moment de quitter le monastère, le lendemain, les Sœurs me donnent du pain et des gâteaux pour les enfants. En arrivant à la maison, je leur remets ces petits présents en leur expliquant qu'ils viennent d'un monastère où j'ai passé la nuit. À ma grande surprise, ils ne font aucun commentaire ! Sœur P. m'a aussi offert un crucifix et une statue de la Vierge de Lourdes qu'elle m'a fait choisir dans leur boutique. Mais ça, en revanche, je n'ai pas l'intention de le leur montrer pour le moment. Je les cache soigneusement dans ma chambre. En effet, en dépit de tout ce qui m'est arrivé ces derniers mois, les enfants ne se doutent de rien et nous continuons à mener notre vie juive ultra-orthodoxe normale.

Cependant, plus ça va plus je sens que, cette fois-ci, je ne vais pas y couper. La conversion est proche :

je vais passer de l'autre côté ! Du coup, je commence à me poser sérieusement la question de la façon dont je vais présenter les choses aux enfants. Comment vont-ils le prendre ? J'appréhende beaucoup leur réaction. Alors, j'essaie de préparer le terrain petit à petit. Par exemple, alors que depuis Noël, la statue de Marie est cachée dans une étagère, dans ma chambre, et que je ferme la porte quand je vais la prier, je décide de la mettre davantage en évidence et de laisser la porte entrebâillée. Un jour, je laisse carrément la porte ouverte. Rebecca arrive et me surprend à genoux devant la Vierge Marie. Elle me demande ce que je fais. Un Juif prie assis ou debout, mais pas à genoux ! Je suis un peu troublé mais en même temps, je voulais que ce moment arrive. Je lui explique :

— C'est la Vierge Marie, la mère de Jésus.

— C'est ta nouvelle copine ? me répond-elle.

Et voilà, j'ai eu tort de m'inquiéter : ça n'a pas été plus compliqué que ça ! Désormais, la Vierge Marie est acceptée à la maison ! Depuis ce jour, lorsqu'on allume les bougies de shabbat, le vendredi soir, on chante aussi le « Je vous salue Marie ».

Sœur P. m'a également invité à passer la nuit du nouvel an au monastère. Cette fois-ci, je préviens les enfants. Là encore, la soirée commence par les offices. Les petites sœurs de Bethléem sont très mariales et de nombreux cantiques sont adressés à la Vierge Marie qui est aussi fêtée le 1er janvier. Cette mise à l'honneur de la mère de Jésus, qui fait partie de ma vie depuis peu de temps, a une résonance toute particulière pour moi. Le lendemain matin, elles me donnent à nouveau des gâteaux pour les enfants qui, à mon retour, me demandent comment ça s'est passé. Je leur raconte mon réveillon chrétien.

Je suis émerveillé par la manière dont ils réagissent. Ils prennent les choses comme elles viennent, sans s'énerver ! Vous vous dites sans doute que j'ai de la chance et que mes enfants sont très détendus et ouverts ! Mais je ne crois pas à la chance, je crois à la Providence et à l'éducation : à la relation de confiance entre parents et enfants. Quelques mois plus tard, avant de me rendre en Terre sainte, je demanderai à mes filles de recouvrir de papier opaque mon livre de saint Jean de la Croix pour ne pas me faire repérer comme juif renégat. Déborah me répondra alors : « Mais fais ce que tu veux, papa ! » Elles sont plus libres que moi. Je vais l'écouter, ne pas recouvrir mon livre, et ça ne manquera pas : dans le car, une Juive va m'interpeller.

Je songe de plus en plus à demander le baptême mais je suis tiraillé. Le 2 février 2008, pour la Présentation de Jésus au Temple, je retourne au monastère. Je vais à l'office du soir, je passe la nuit dans une cellule, puis j'assiste à la messe tôt le matin. Avant que je ne reparte, vers 15 heures, Sœur P. me demande comment je vais : « Très bien. D'ailleurs, j'ai décidé de demander le baptême ! » Je suis moi-même surpris par ce que je viens de dire : à cet instant précis, Dieu sait pourquoi, je n'ai plus de conflit intérieur. Sœur P. me demande pourquoi je veux être baptisé. Parce que je veux être chrétien ! Elle m'explique alors que je dois entrer en catéchuménat.

— Qu'est-ce que c'est ?

— C'est une préparation au baptême.

— Mais Madame, on va me préparer à quoi ?
— À être chrétien !
— Mais je suis déjà prêt ! La Bible, je sais la lire ! D'ailleurs, cette préparation au baptême que vous me proposez contredit les Écritures !
— Ah bon, pourquoi ?
— Dans les Actes des Apôtres, quand l'Éthiopien demande le baptême à Philippe, il se penche sur une flaque d'eau et il le baptise tout de suite ! Et saint Paul, est-ce qu'on lui a demandé de suivre un catéchuménat ?
— Calmez-vous !
— Je suis calme.
— L'Église, ce n'est plus comme ça…
— Mais moi, je vous parle de Jésus, pas de l'Église ! Nous ne sommes pas sur la même longueur d'onde !

S'en suit alors une longue discussion où la sœur essaye de m'expliquer que l'Église et Jésus ne font qu'un seul corps.

Catéchumène à plein temps

Pour moi qui suis Juif religieux, la référence absolue, c'est la parole de Dieu et non pas les idées des hommes. Or, ce qui me gêne avec cette histoire de catéchuménat, c'est qu'il n'en est question nulle part dans les Actes des Apôtres ! Voyez comme l'apôtre Pierre a eu du mal à lâcher ce qui était prescrit dans la Torah. Pourtant, il a dit que Jésus était le Messie, il a vu Jésus ressuscité, il a cru et affirmé que Jésus était homme et Dieu, il a reçu l'Esprit saint à la Pentecôte et il s'en est allé prêcher ! Mais malgré tout cela, il était toujours convaincu qu'il fallait manger casher pour la simple et bonne raison que c'était inscrit dans la Bible ! Il aura besoin d'une vision pour comprendre que ce n'était plus nécessaire.

En ce qui me concerne, c'est par obéissance et parce que mon désir d'être baptisé est le plus fort que je vais accepter de me soumettre à ce que me demande Sœur P. Au mois de février 2008, j'entre en catéchuménat. Il serait probablement plus facile pour moi de me rapprocher des Juifs messianiques, comme on me l'a suggéré. Cependant, je suis attiré par le catholicisme ! J'ignore pourquoi, mais ça, au moins, ça ne fait pas l'ombre d'un doute. Par ailleurs, être juif messianique ne résoudrait pas mon problème de conscience qui tient principalement à la personne de Jésus, Dieu fait homme, et à l'idée d'un Dieu en trois personnes.

Le cardinal Lustiger, au sujet des Juifs devenus chrétiens comme lui, parlait de Juifs accomplis. Je ne voudrais choquer personne, mais je ne suis pas d'accord avec lui. Je ne me considère pas comme un Juif accompli mais un Juif converti au Christ : on ne parle pas de Juifs accomplis dans les Actes des Apôtres, ni dans les Épîtres de saint Paul ni dans toute la sainte Bible. Les gens qui écoutaient saint Pierre, le chef de l'Église, lui demandaient : « Que devons-nous faire ? ». Il répondait : « Convertissez-vous. » Il ne leur a pas demandé de devenir des Juifs accomplis en accueillant Jésus ! Une conversion, c'est un renversement total ! Tout à coup, on voit, on pense, on mange autrement. On a une relation différente avec les autres et avec Dieu. Après leur conversion, les Juifs orthodoxes qu'étaient Paul, le rabbin Drach, les Liebermann, le grand rabbin de Rome Zolli, ont changé de regard sur la pratique de la Loi.

La conversion, en hébreu techouva, est un retour à Dieu. Dans les Écritures saintes, en effet, Dieu demande souvent aux Juifs qui s'égarent de se convertir, de retourner à Lui. Saint Pierre a demandé aux Juifs de se convertir parce que, selon lui, le peuple juif s'égarait quand il n'acceptait pas Jésus comme Dieu sauveur. La conversion permet d'être un nouvel homme. En me convertissant au Christ, je deviens un autre. À mon avis, la plupart des Juifs non croyants ou non pratiquants qui se sont convertis au christianisme finissent toujours par retrouver leurs racines juives à travers le catholicisme. Ils ont souvent, me semble-t-il, un malaise avec leur identité juive qu'ils n'ont pas vécue pleinement ou assumée jusqu'au bout. Ils ont une vue extérieure du judaïsme, du judaïsme orthodoxe, de la pratique de la Loi et des études. Le grand rabbin de Rome qui s'est converti en 1956 – après avoir beaucoup côtoyé Pie XII, à qui il emprunta son nom de baptême, Eugenio – n'avait pas de problème de fidélité à ses racines puisqu'il avait pleinement vécu et accompli son judaïsme. Saint Paul aussi se fichait pas mal de sa pratique juive ! Saint Jean non plus ne parlait pas de son judaïsme pendant des heures.

Au sujet du cardinal Lustiger, j'ouvre une parenthèse. Lorsque Jean-Paul II proposa de le nommer archevêque de Paris, son entourage au Vatican s'y opposa, pensant que le fait qu'il soit Juif allait faire des histoires. Jean-Paul II ne se démonta pas. Il partit prier. En revenant, il dit à ses conseillers : c'est la volonté de Dieu, point à la ligne. Le cardinal Lustiger a souffert toute sa vie que les Juifs ne reconnaissent pas Jésus, et que l'Église n'ait pas reconnu que Jésus était Juif. Encore une précision : le cardinal Lustiger qui s'est fait baptiser en pleine guerre mondiale, contre l'avis de ses parents qui finirent par le laisser faire en pensant que cela le protégerait, ne s'est pas converti par facilité. Sa mère est morte en déportation et son père lui demanda d'annuler son baptême : quel déchirement il a dû ressentir ! J'imagine sans peine quel fut son cas de conscience et le sentiment de trahison filial qui dut être le sien. Il me semble que seuls les Juifs et les Musulmans convertis peuvent comprendre, dans leurs entrailles, ce que veut dire Jésus quand il déclare, dans l'évangile de Matthieu (10, 34-35) : « Ne pensez pas que je sois venu mettre la paix sur la terre ; je ne suis pas venu mettre la paix, mais l'épée ; car je suis venu jeter la division entre un homme et son père, entre la fille et sa mère, entre la belle-fille et sa belle-mère. »

Revenons à mon catéchuménat. Cette longue période de préparation au baptême qui commence s'apparente pour moi au parcours du combattant ! Et, croyez-moi, c'est le cas pour de nombreux catéchumènes ! Je pense sincèrement qu'il faudrait raccourcir ce temps de préparation (qui dure deux ou trois ans normalement) dès lors qu'on a discerné chez la personne qui le demande un réel désir d'être baptisée. D'ailleurs, il serait bien plus judicieux que l'Église catholique suive le néophyte *après* son baptême plutôt qu'*avant*. En effet, après son baptême, le nouveau chrétien se retrouve complètement livré à lui-même ! Personne ne s'intéresse sérieusement à lui et, par conséquent, il arrive bien souvent que de nouveaux baptisés ne remettent plus jamais les pieds dans une église !

C'est un laïc de la communauté de Bethléem, François F., qui reçoit mission de m'accompagner. Cette tâche qui lui incombe est loin d'être facile ! En effet, je viens à lui avec dix années de formation rabbinique derrière moi, avec une théologie, une philosophie. Je ne suis pas un païen qui vient de se convertir ! Il ne parvient pas à répondre à toutes mes questions. Il m'avoue même qu'il est dépassé et je peux volontiers le comprendre ! Parallèlement, je suis suivi par un prêtre, le père O. Là encore, nos échanges sont difficiles, pour lui comme pour moi ! Je ne cesse de le questionner et les réponses qu'il m'apporte ne me convainquent pas. J'ai toujours un argument à lui opposer. Or, il se montre assez fermé au dialogue. Il veut m'imposer son point de vue : c'est lui le prêtre, le « spécialiste de saint Paul », comme il dit ! La manière de faire du père O. me choque réellement dans mes habitudes culturelles. Rappelez-vous que dans le judaïsme, on a l'habitude de la dispute, au sens médiéval, telle que je l'ai pratiquée à la yeshiva. La *disputatio* est intégrée aux études, à la manière dont saint Thomas d'Aquin défendait en son temps ses points de vue théologiques. À la yeshiva, on peut ne pas être d'accord avec le maître. En revanche, dans les cours de théologie catholique et d'exégèse, tels qu'ils sont organisés, le plus souvent en amphithéâtre, il ne viendrait jamais à l'idée de qui que ce soit de contredire le professeur ! C'est dommage car cette pratique permet d'aller réellement au bout de l'argumentation et d'éclaircir les choses. En effet personne ici-bas ne détient toute la vérité ! Aucune de nos paroles n'en épuisera le mystère : « Dieu n'a dit qu'une Parole, et c'est son Fils. » Plusieurs points de vue peuvent cohabiter pour éclairer ce mystère sous des angles différents ! D'ailleurs saint Benoît, dans sa règle, insiste sur le fait que l'Esprit Saint parle souvent par le plus petit de tous les frères d'une communauté, celui qu'on ne pense pas à consulter.

Pendant toute la durée de mon catéchuménat, je suis heurté par la façon dont on me présente les affirmations de Jésus. On occulte totalement le fait que Jésus soit un Juif ! Évidemment, je ne dis pas qu'il faille être Juif pour comprendre Jésus ! Les pères de l'Église, les saints et les saintes qui n'étaient pas Juifs ont très bien transmis les Évangiles et Jésus lui-même a dit : « Ce que j'ai caché aux puissants et aux savants, je l'ai révélé aux tout-petits. » Cependant, je pense que pour pouvoir réellement entrer dans les propos de Jésus, il faut auparavant entrer dans la pensée juive. En effet, Jésus s'adresse à des Juifs, avec qui il partage la même culture juive. Le contexte de la culture rabbinique de l'époque a aussi beaucoup d'importance. En ce qui me concerne, quand, quelques années plus tard, je vais entamer une formation en théologie et en philosophie et que je vais étudier la pensée de saint Thomas d'Aquin, j'aurai besoin de comprendre qui était ce dernier, à quel endroit et à quelle époque il a vécu, d'entrer dans sa langue et dans sa culture. Même si j'ai des années d'études derrière moi, j'admettrai que ce n'est pas ma culture ! C'est une démarche qui me semble essentielle. D'ailleurs, notez que suite au concile Vatican II et au dialogue judéo-chrétien, les choses évolueront dans ce sens.

Quand le père O. me cite cette phrase du Christ dans l'Évangile de Matthieu : « Je ne suis pas venu abolir la Loi mais l'accomplir », je ne la comprends pas. Pour moi, c'est faux ! En effet, n'oublions pas que Jésus s'adresse ici à des Juifs pharisiens. La Loi pour eux désigne l'ensemble des prescriptions de Moïse rassemblées dans les cinq livres qui constituent le Pentateuque, la Torah. Or, le Christ vient bien abolir ces rituels juifs et notamment la nourriture casher, lorsqu'il dit : « Ce n'est pas ce qui entre dans la bouche qui rend l'homme impur, mais ce qui sort de sa bouche ! » Et la nourriture casher n'est pas une invention de Moïse ou des rabbins : c'est un commandement donné par Dieu à Moïse ! Ce n'est pas rien ! Si demain quelqu'un venait avec les meilleures intentions du monde pour abolir l'Eucharistie, que dirions-nous ? Alors, je harcèle le père O. avec mes questions : « Qu'est-ce que le Christ a voulu dire ? Quel mot a-t-il utilisé en araméen ? Comment saint Jérôme, qui est parti de la Bible des Septante et de l'hébreu, a-t-il traduit ces verbes *abolir* et *accomplir* ? »

En outre, il faut bien comprendre que Jésus ne vient pas seulement abolir les rituels juifs mais qu'il abolit également le dogme de la foi juive ! En effet, jamais les prophètes ne nous ont amené à croire en un Dieu trinitaire qui se ferait chair ! C'est donc un autre point sur lequel j'interroge vivement le père O. : « Où voit-on des annonces du Dieu trinitaire, Père, Fils et Saint-Esprit, dans l'Ancien Testament ? » Ce qu'il me montre ne me convainc pas. Par exemple, même quand il est écrit dans la prophétie d'Isaïe (7,14) : « Voici, la jeune femme est enceinte, elle va enfanter un fils et elle lui donnera le nom d'Emmanuel », il peut s'agir d'un messie, mais d'un messie humain car rien ne nous dit que la femme en question va tomber enceinte de façon virginale et que c'est Dieu qui va se faire chair ! À mes yeux de Juif, la Trinité abolit le commandement numéro un du judaïsme : « Écoute Israël, le Seigneur ton Dieu qui est *UN* ». Pour un Juif, un Dieu trine n'est pas compatible avec le Dieu Un ! Là encore, le père O. fait preuve d'un manque d'ouverture. Il ne prend pas en compte mon point de vue. Il ne comprend pas qu'avec le seul raisonnement humain, personne au monde ne peut voir qu'il existe un Dieu trinitaire, un Dieu qui s'incarne. Pourtant, dans l'Évangile de Matthieu

(16, 13-19), quand le Christ demande à ses disciples : « Pour vous, qui suis-je ? » et que saint Pierre, le fondateur de l'Église, lui répond : « Tu es le Messie, le Fils du Dieu vivant ! », Jésus fait cette déclaration : « Heureux es-tu, Simon, car ce n'est pas la chair et le sang qui te l'ont révélé, mais mon Père qui est dans les cieux. » Ainsi, ce qu'a dit Pierre, il ne l'a pas compris grâce à son intelligence, cela lui a été révélé d'en haut. De même, Saul aura besoin d'une illumination pour comprendre ces choses.

Plus tard, lors de mon illumination et après, quand je serai baptisé et que j'aurai reçu l'Esprit Saint, je comprendrai autrement cette affirmation de Jésus. Lorsqu'il dit : « Je ne suis pas venu abolir mais accomplir », il parle de l'essentiel de la révélation de l'Ancien Testament, et cet essentiel, c'est que le Verbe s'incarne. Toutes les Écritures ne disent que cela. Tout l'Ancien Testament, toute la Loi, sont là pour annoncer l'Incarnation du Verbe, qui s'accomplit en Jésus. Toutes les Écritures ont pour projet de faire venir le Messie. Prenons un exemple qui révèle le projet intrinsèque de Dieu sur Abraham : un midrash se demande pourquoi Abraham prend avec lui son neveu Lot pour aller en Terre promise. Le midrash répond que l'Esprit Saint a montré en vision à Abraham que c'est de la descendance de Lot que descendra le Messie. Voilà : Jésus ne vient pas abolir le projet de Dieu mais l'accomplir, c'est-à-dire le réaliser, le faire devenir réel. Jésus ne vient pas abolir la Loi et les prophètes dans la mesure où leur but était l'Incarnation du Verbe de Dieu. Il n'abolit pas l'intention de Dieu qui est de racheter l'homme et de se réconcilier avec lui afin qu'il devienne réellement enfant de Dieu : il l'accomplit. Je développe cette question plus en profondeur dans d'autres livres que je suis en train d'écrire : comment l'Ancien Testament prépare-t-il le Nouveau Testament ? Non pas au niveau des prophéties, car dans le Credo, on ne dit pas : « Je crois aux prophéties ! » Comment donc l'Ancien Testament prépare-t-il le Credo qui est toute la vie chrétienne ? Comment, dans l'Ancien Testament, voit-on partout la Trinité, le Dieu qui va se faire chair ?

En attendant, les correspondances que le père O. tente de me montrer entre l'Ancien et le Nouveau Testament ne me paraissent pas sérieuses ! Jean-Baptiste désigne par exemple Jésus comme « l'Agneau qui enlève les péchés du monde », or l'agneau qu'on offre au Temple, à Pâques, est un agneau de commémoration, pas d'expiation. C'est à Kippour qu'a lieu le sacrifice d'expiation, et ce n'est pas un agneau qu'on offre mais un bouc ! J'en conclus que Jésus a rompu avec l'ancienne alliance et qu'il n'y a pas de continuité contrairement à ce que le père O. me répète !

Qu'il est difficile pour un Juif d'adhérer aux paroles du Christ ! On voit dans les Évangiles que quand Jésus annonce quelque chose qui dépasse la raison humaine, les gens le quittent. Ainsi, dans l'Évangile de saint Jean (6, 51-58), quand Jésus dit : *« Celui qui mange ma chair et boit mon sang a la vie éternelle »*, beaucoup de ses disciples s'en vont. Pourtant, ils avaient choisi de le suivre, ils avaient renoncé à la sécurité matérielle et spirituelle dans laquelle ils vivaient auparavant pour Lui ! Mais ce que Jésus affirme ici est au-dessus de tout, cela dépasse complètement la raison humaine.

Manger la chair d'un homme et boire son sang ! D'ailleurs, là encore, où est-il écrit dans l'Ancien Testament que les Juifs doivent manger la chair et boire le sang d'un être humain, de Dieu incarné ? On ne peut pas incriminer ces gens qui ont quitté Jésus à ce moment-là ! Il faut réaliser que le christianisme est fondé sur la folie ! La folie de la croix, c'est-à-dire que le fondement du christianisme est au-delà de la raison humaine, de la perception humaine. On ne peut pas reprocher aux Juifs de ne pas voir que Jésus est Dieu, car qui le voit ? On y adhère par la foi et par la grâce de Dieu.

Mon cœur et ma tête

Sœur P. me sermonne vertement ! Elle qui se met en quatre pour moi a peur que je fasse tout capoter ! En effet, à cause de mon attitude, le père O. pense que je ne désire pas vraiment être baptisé. Or, c'est faux ! Je prends alors la ferme décision de ne plus lui poser de questions. Mais ça ne m'empêche pas, du coup, de m'en poser à moi-même ! C'est toujours le même conflit épuisant : mon cœur aspire au baptême mais ma tête n'adhère pas !

Au cours d'une nuit, alors que je n'arrive pas à dormir, je fais un *deal* avec Jésus. Je lui parle à cœur ouvert : « Tu as mis un désir dans mon cœur mais ma tête, elle, ne croit rien de toi ! Elle pense que tu es un blasphémateur, un menteur, que tu as détourné le peuple juif de la vraie foi ! Je ne crois pas au Dieu trinitaire ni à la résurrection. Si tu es ressuscité, c'est l'œuvre du démon, c'est une épreuve que Dieu nous donne ! C'est écrit clairement dans le Deutéronome : « Je vous enverrai un faux prophète pour vous mettre à l'épreuve. » Tu es la prophétie de Dieu ! Je suis allé voir ton Église : ils n'ont aucune réponse à me donner. Alors, c'est simple : ou bien tu produis un déclic dans ma tête, comme tu as fait avec le grand rabbin de

Rome – un jour, il a ouvert l'Arche et il a vu Jésus qui le bénissait et qui lui a dit: «Je n'ai plus besoin de toi ici, j'ai besoin de toi ailleurs» – ou bien tu me foudroies comme saint Paul, ou alors, tu me laisses tranquille, parce que c'est déjà assez compliqué comme ça d'élever six enfants! Je ne veux pas devenir fou, je ne peux pas me permettre de dérailler, il faut que je subvienne aux besoins de ma famille! Les enfants ont déjà subi un choc avec la mort de leur maman, je ne veux pas qu'ils en subissent un second parce que leur père se convertit au catholicisme. Donc fais quelque chose aussi pour les enfants. Ou alors, laisse-moi en paix! Amen.» Pas de réponse.

Quelque temps après, Sœur P. m'invite à passer la Pentecôte au monastère avec toute la famille. Nous y avons déjà passé trois jours à Pâques, tous les sept. Vous imaginez, une famille juive pratiquante avec six enfants qui passe trois jours dans un monastère contemplatif, en plein Paris! Qui suit toute la liturgie catholique et qui mange casher! Pour les Sœurs aussi, ce n'était pas rien! J'appréhendais un peu la réaction des enfants, surtout celle des filles. Elles ne sont jamais venues dans un monastère auparavant, elles auraient pu rouspéter! Or, tout s'est très bien passé. Les enfants ont apprécié, surtout les filles qui ont pu s'entretenir avec les Sœurs. J'ai été surpris par leur facilité d'adaptation. D'ailleurs, depuis que j'ai commencé à chanter des prières à Marie lors de l'ouverture du shabbat, les enfants ne se sont jamais opposés à ce que je leur propose. En soi, c'est déjà un miracle car les aînées entrent dans l'adolescence et elles n'ont pas la langue dans leur poche! Néanmoins, cette fois-ci, je décline l'invitation de Sœur P. car les garçons risquent de tourner en rond. Sœur P. me propose alors d'aller chez d'autres sœurs de Bethléem qui sont installées à Nemours : elles ont un jardin et les garçons pourront jouer dehors.

Nous arrivons donc tous les sept le jeudi soir. Le vendredi matin, enfin, Jésus va se dévoiler concrètement à moi ! Toutes mes questions vont trouver instantanément leur réponse ! Je vais basculer dans une autre dimension.

Le coup de grâce

En arrivant au monastère le jeudi soir, soyons franc, je ne suis pas tourmenté par mon questionnement spirituel : je suis épuisé ! J'ai préparé les bagages des six enfants pour quatre jours, puis nous sommes partis tous les sept de chez nous jusqu'à la Gare de Lyon pour prendre le train jusqu'à Nemours. Là-bas, une Sœur nous attendait en camionnette pour nous conduire au monastère. Bref, mon conflit intérieur a été enseveli sous des préoccupations très prosaïques et la fatigue physique ! Je ne pense à rien ! Nous nous installons pour la nuit. Nous sommes logés dans deux petits ermitages séparés par un oratoire.

Le vendredi matin, je me réveille tôt. Il fait jour. Comme les enfants dorment encore, je me rends à l'oratoire. En entrant dans la chapelle, j'aperçois, au fond, une croix byzantine. À droite de cette croix, il y a une grande icône de Marie et à gauche, un tableau de la Sainte Face du Saint-Suaire, à côté d'une fenêtre qui donne sur le ciel. Je m'approche et je m'assois. Très vite, mon regard est attiré par la peinture de la Sainte Face. Soudain, je me mets à ressentir les mêmes frissons que ceux qui m'ont envahi sur la plage et dans ma chambre ! Je pressens dans ma chair qu'il va se passer quelque chose. Et tout à coup, je vois les yeux de la Sainte Face s'ouvrir ! Je plonge alors dans une béatitude absolument indicible ! Puis, après un certain temps qui m'a semblé assez long, les yeux de la Sainte Face se referment et les choses reviennent à la normale. Je reprends lentement mes esprits et je regarde le ciel. Brusquement, je réalise ce qui vient de se passer et je prends peur ! Je me dis que je suis en train de perdre complètement la tête ! Je m'inquiète terriblement pour mes enfants ! Eux qui ont déjà perdu leur mère, il ne manquerait plus que leur père soit envoyé dans un hôpital psychiatrique ! Je me demande ce qui m'arrive, tout est flou dans ma tête. Je mets très longtemps à redescendre sur terre.

Puis je retourne mes yeux vers la Sainte Face. Là, c'est décidé, je ne bougerai plus ! Même si les enfants débarquent, je ne bougerai plus jusqu'à ce que j'aie une réponse claire. J'en ai assez de ce Dieu qui joue à cache-cache ! Je n'en peux plus ! Je ne suis pas maso ! Cette fois, ça passe ou ça casse, je veux qu'on en finisse maintenant ! Alors, Ses yeux s'ouvrent de nouveau. Et, à ce moment précis, c'est l'illumination ! Je bascule totalement ! C'est un retournement complet ! Enfin ! Aussi incroyable que ça puisse paraître, en un instant, je suis prêt à jeter la Loi juive à la poubelle ! Je n'ai plus envie de manger casher. C'est le coup de grâce ! Moi, Juif orthodoxe, j'atteste que sans cette Grâce, jamais je n'aurais pu abandonner la pratique de la Loi ! Je comprends si bien ce que saint Paul a vécu dans sa chair.

La première conséquence de cette illumination est un changement total de repères. Avant, j'avais le désir du Christ. Maintenant, j'ai une foi aimante en la personne même de Jésus. Avant, mes références étaient la Bible, le Talmud et les maîtres que j'ai eus au cours de ma formation rabbinique. J'essayais de faire entrer le Messie dans mes cases talmudiques ou dans mes références mystiques juives, et s'il n'y entrait pas, je le refusais ! Subitement, Il est devenu la référence, le fondement, la source de tout. Aucun théologien ne peut convaincre quelqu'un de renoncer à sa façon de voir le monde, à ce qu'il pense, à ses valeurs. Il n'y a que la Grâce. Le père O. ne pouvait me donner ce que Jésus seul peut donner.

Ensuite, je découvre l'Écriture à travers une nouvelle lumière. Je comprends l'Ancien Testament à travers le Christ. Le magistère de l'Église dira que dans toutes les Écritures, il n'y a qu'une seule parole, c'est le Verbe. Maintenant, quand je lis l'Ancien Testament, je vois le Verbe partout, et pas seulement dans les passages prophétiques qui annoncent la venue de Jésus. En effet, je vois des passages où des personnes ont eu une relation avec la deuxième personne de la Trinité. Plusieurs passages dans le Nouveau Testament attestent de ces relations avec Jésus. Par exemple, dans l'Évangile de Saint Jean (8, 56), Jésus dit aux pharisiens : « Abraham, votre père, exulta à la pensée qu'il verrait mon Jour. Il l'a vu et fut dans la joie. » Ou encore, saint Pierre, dans les Actes des Apôtres (2, 31), dit de David : « Il a vu d'avance la résurrection du Christ. » Je m'aperçois que toute l'Écriture parle du Dieu Trinité. Oui, le Seigneur m'a réellement ouvert l'intelligence aux Écritures ! Comme dit saint Paul, un voile était devant mes yeux, et il est tombé. Tout devient clair !

Dans Galates 4, Paul réprimande les Galates qui se sont convertis mais qui veulent se soumettre de nouveau à la Loi juive. Il se livre à une lecture allégorique, christologique, d'un épisode de la Bible. Il compare Agar, la servante d'Abraham, et sa femme Sarah, aux deux Alliances : l'ancienne, celle du Mont Sinaï, et la nouvelle, celle de Jésus. Agar, la première alliance, met au monde des enfants esclaves. Et Sarah, la nouvelle, des enfants libres. Un Juif, bien entendu, ne peut pas faire ni accepter cette lecture ! C'est pourquoi Paul dit que les Juifs ont un voile devant les yeux quand ils lisent les Écritures. Je le sais, j'en ai fait l'expérience ! Je comprends maintenant que le Nouveau Testament est dans l'Ancien comme un fils dans sa mère. Tant qu'il est dans son ventre, on ne le voit pas. À sa naissance, pour qu'il puisse vivre et croître, il faut couper le cordon pour le séparer de sa mère. Pourtant, il reste son fils. Il va apporter quelque chose de « nouveau », opérer une rupture et, en même temps, il donne une autre dimension à sa mère, il la renouvelle. Ainsi, le Nouveau Testament naît de l'Ancien et apporte quelque chose de nouveau comme le Dieu trinitaire, qui ne se voyait pas clairement comme le Dieu qui se fait chair.

Enfin, la dernière conséquence de cette illumination est que je me sens appelé à devenir un serviteur de l'Église. Quand je ressors de l'oratoire, une seule chose m'intéresse : Lui, Jésus, Dieu fait homme ! Mais je ne dis rien à personne, ni aux enfants ni aux Sœurs. Je reste très naturel et pendant toute la semaine, je ne change rien à notre mode de vie. Je continue à manger casher. C'est le soir du shabbat, de retour à la maison, que le miracle se produit. Comme tous les vendredis soir, je mets en route la minuterie pour que les lumières s'éteignent toutes seules sans que j'aie besoin de les actionner, car dans la religion juive, on n'a pas le droit d'éteindre les lumières de shabbat. Comme d'habitude, nous chantons et nous mangeons notre repas festif. C'est alors que je me lève pour appuyer sur l'interrupteur. J'éteins la lumière. Je suis moi-même surpris par ce que je viens de faire, moi qui étais jusqu'alors si scrupuleux dans le respect des lois juives ! Je la rallume aussitôt. Les enfants me regardent, stupéfaits. Je les fais se rasseoir et je m'explique. Je m'explique en leur racontant mon histoire avec Jésus, depuis ses débuts.

Du jour au lendemain, il n'y a plus ni shabbat ni casher à la maison. C'est terminé ! Les enfants, qui m'ont toujours connu habillé en rabbin, me voient maintenant vêtu comme tout le monde, en jean, chemise ou t-shirt ! Vous pensez probablement qu'ils doivent être choqués par ce changement très rapide ? Eh bien, non, pas du tout : la façon dont ma conversion est acceptée par mes enfants, qui eux n'ont pas vécu d'illumination, est un miracle ! Pour moi, cela ne fait aucun doute. De même, la façon dont moi-même je vis les choses est une grâce. En effet, ma conversion aurait pu être un choc pour moi aussi, j'aurais pu me déconnecter de la réalité ! Mais non, je reprends une vie normale et je garde les pieds sur terre. Je reste un homme équilibré. Le surnaturel ne vient pas détruire le naturel.

Nouvelle vie

On me demande parfois ce que cette conversion a changé dans ma vie. Au début, en fait, je voulais devenir prêtre mais on m'a expliqué gentiment qu'avec sept enfants, ça n'était pas possible! Quoi qu'il en soit, je suis appelé à servir l'Église à travers l'apostolat de la prédication. « Ce que chacun de vous a reçu comme don de la grâce, mettez-le au service des autres, comme de bons gérants de la grâce de Dieu sous toutes ses formes : si quelqu'un a le don de parler, qu'il dise la parole de Dieu ; s'il a le don du service, qu'il s'en acquitte avec la force que Dieu communique », écrit saint Pierre dans sa première Lettre. Chacun sa vocation. Néanmoins, quel que soit le don qu'on ait reçu, c'est bien pour le mettre au service des autres. Quand je donne un enseignement, je m'efforce toujours d'être au service de ceux qui m'écoutent.

Ce que ma conversion a transformé fondamentalement, c'est ma façon de vivre avec les autres. Premier changement, notable pour un Juif orthodoxe : je suis maintenant sensible à la souffrance de tous, même s'ils ne sont pas Juifs, et je prie pour tous ceux qu'on confie à ma prière, même si je ne les connais pas. Je ne vois plus les autres comme des *goys* ou des étrangers indifférents. J'ai plus de tendresse et d'attention envers l'autre quel qu'il soit. Cela change complètement mon attitude envers lui.

Enfin, le conflit qui opposait mon cœur et ma raison est désormais derrière moi : je suis totalement prêt à franchir le pas !

Je suis baptisé le 14 septembre 2008, le jour de la Croix Glorieuse, chez les Sœurs de Bethléem, par immersion totale, dans une énorme bassine. Je suis vêtu d'une grande aube blanche et je suis tout trempé ! Enfin ! J'ai 43 ans. C'est mon cher père O. qui m'a baptisé, au nom du Père, et du Fils et du Saint-Esprit, en poussant un immense soupir de soulagement… ou d'épuisement ! Que Dieu le bénisse.

Mon nom de baptême est Jean-Marie Élie. J'ai longtemps hésité à m'appeler Paul mais j'ai gardé finalement le prénom Jean, celui que m'avaient donné mes parents, celui de mon grand-père et de mon évangéliste préféré. Ai-je besoin d'expliquer pourquoi j'ai choisi Marie ? Quant à Élie, c'est le prénom que je m'étais donné quand j'étais en Terre Sainte. J'ai appris ensuite que le prophète Élie était le patron des Carmes. D'ailleurs plusieurs Juifs convertis sont entrés chez les Carmes, Edith Stein, Hermann Cohen. Thérèse d'Avila elle-même était issue par son père d'une famille de Juifs convertis. Saint Jean de la Croix aussi avait des ascendances juives.

Quelques mois avant mon baptême, j'ai fait la connaissance de Pétronille qu'on m'a conseillé de rencontrer pour vérifier avec elle si ma mystique juive était « catholiquement casher ». Pétronille m'a avoué qu'elle n'y connaissait rien, nous avons donc parlé d'autre chose ! L'été qui suit, comme je cherche un endroit où passer des vacances avec les enfants, on me suggère de les emmener à Paray-le-Monial, petite ville de Bourgogne où le Cœur de Jésus est apparu à Marguerite-Marie et où se déroulent tout l'été des sessions pour les familles. Là-bas, nous retrouvons Pétronille ! Pour rentrer à Paris, je prends le train et elle ramène en voiture certains de mes enfants, notamment Gabriel, mon petit blond, qui se met à faire l'entremetteur. Il lui dit : « Occupe-toi de nous et de papa ! » Nous nous marions un an après ! Trois ans plus tard, nous avons un petit garçon. Nathanaël naît en janvier 2012. Pétronille a 46 ans, c'est son premier enfant ! Une vraie histoire biblique… Gloire à Dieu ! Je voudrais rendre hommage à Pétronille, si gaie et souriante ! Nous avons vécu un peu ensemble avant de nous marier. Elle s'est donc engagée en connaissance de cause et elle n'a pas eu peur !

Après mon baptême, j'ai téléphoné à mes frères et sœurs pour les inviter à la maison. Je leur ai raconté mon histoire avec Jésus depuis le tout début. Mais ils ne m'ont pas questionné sur ma conversion. Ils m'ont fait grief de ne rien leur avoir dit et m'ont reproché de m'être coupé de la famille par mes décisions successives. Je regrette cette incompréhension et j'aimerais retrouver une relation vraie avec eux. Je n'ai jamais abordé le sujet directement avec mon père mais je vais régulièrement à La Courneuve lui rendre visite avec les enfants et Pétronille, qu'il a très bien accueillie. Je garde dans mon téléphone une photo de Nathanaël sur les genoux de son grand-père. Ils sont souriants tous les deux. Cela me fait plaisir ! Il est le seul lien qui me reste, pour le moment, avec ma famille et la communauté juive qui m'a mis au ban.

Qu'en disent mes enfants ?

Avec le recul, il m'apparaît que ce qui s'est passé avec les enfants est le plus grand miracle de toute cette histoire. Bien sûr les choix des parents ont une influence sur un enfant. Mais au fond, c'est lui qui fait son choix. Moi-même, par exemple, je n'ai pas suivi les traces de mes parents. Je pensais que la fidélité de mes enfants à la religion de leur maman d'une part, l'éducation qu'ils avaient reçue dans les écoles loubavitchs et la pratique de la Loi qui imprégnait leur vie quotidienne d'autre part, rendraient ce changement très difficile. Mais le Seigneur a exaucé la prière que je lui avais adressée lors de cette fameuse nuit.

En fait, chacun a suivi son propre chemin spirituel, à son rythme, comme il le voulait. Youssef-Raphaël et Menahem furent les premiers à demander le baptême. Ils ont été baptisés en juin 2009, un an après moi, le jour de la Sainte Trinité. Pendant cet été 2009, tous les enfants sont partis en camp de vacances avec l'Eau vive, une colonie catholique. Là-bas, Youssef-Raphaël, qui avait 10 ans, a demandé à être confirmé. Je n'étais pas au courant : c'est lui qui me l'a annoncé au téléphone ! Rachel a été baptisée dans le Jourdain, le 31 juillet, jour de la Saint-Ignace de

Loyola, à l'occasion d'un pèlerinage en Terre sainte au cours de ce même été 2009. Myriam a demandé le baptême, un an après, en août 2010. Elle a communié et a été confirmée en même temps. Menahem a reçu le sacrement de confirmation pendant l'été 2010.

Déborah et Rivka, elles, ne souhaitaient pas être baptisées. Elles n'allaient donc pas à la messe avec nous. Je leur avais demandé si elles voulaient fêter de nouveau les fêtes juives et le shabbat, elles m'avaient répondu que non. Elles ne sont pas indifférentes mais exigeantes. Déborah a été pensionnaire dans l'école d'un Foyer de Charité, pendant quatre ans. Chaque année, je lui proposais de changer d'école pour aller dans le public, mais elle ne le voulait pas. Elle s'est rendue à la béatification de Jean-Paul II, à Rome, en mai 2011. Finalement, au cours de sa dernière année scolaire à l'école du Foyer de Courset, au mois de novembre 2011, elle a reçu une grâce. Dieu lui a fait signe, c'est ce qu'elle dit. Elle a été baptisée, a communié et a été confirmée, au cours de la nuit de Pâques 2012, soit quatre ans après mon propre baptême. Rivka n'est pas baptisée. Elle a toujours été scolarisée dans le public. Mais elle porte une croix qu'elle cache lorsqu'elle va à l'école.

Il est évident que ma vie nouvelle a eu de l'influence sur eux. C'est même heureux, je dirais. Cela signifie que ma transformation a suscité leur curiosité et leur a fait envie ! Néanmoins, ils auraient très bien pu me dire : « Papa, c'est ton chemin, pas le nôtre », comme Rivka. Elle est libre, et nous vivons cela très bien en famille. Cela ne pose aucun problème. Rivka se souvient très bien du moment où j'ai commencé à amorcer mon virage chrétien. Elle se rappelle la première fois qu'elle a vu la représentation de la Vierge Marie dans ma chambre et dit qu'elle n'en a pas été choquée. Quand je lui ai proposé de se rendre aux cours de Talmud Torah, elle a refusé. Elle croit en Dieu, pas en Jésus Christ. Parfois elle prie la Vierge Marie. Les apparitions de la Vierge lui donnent envie de croire, mais elle demande une preuve. Elle dit que si Dieu veut qu'elle soit chrétienne, Il n'a qu'à le lui faire savoir ! Mes enfants sont très libres et nous discutons de tout, même s'ils respectent mon autorité.

Je me suis demandé s'ils ne se sentaient pas coupables vis-à-vis de leur maman. En toute honnêteté, je n'ai pas voulu aborder le sujet de front avec eux. Pour leur construction personnelle, je n'ai pas souhaité qu'ils vivent toujours dans le deuil de leur mère, bien que chaque année nous célébrons son départ au Ciel. Le seul qui ait exprimé un cas de conscience, c'est Yossef. Ça l'a tourmenté. « Est-ce que maman, au Ciel, elle est d'accord avec ça ? », m'a-t-il demandé un jour. Cela ne l'a pas empêché d'être le premier à vouloir le baptême.

Nous n'avons pas d'oratoire à la maison comme dans certaines familles catholiques. Je ne veux pas de coin réservé à Dieu parce qu'il n'y a pas de coin sans Dieu en réalité. On cuisine, on travaille, on dort dans la main de Dieu. Chez nous, et c'est ce que j'ai gardé de la tradition juive, l'autel, c'est la table. D'abord, soyons simple, c'est plus pratique, parce que là au moins, tout le monde est réuni, pas besoin de les appeler pendant une heure. Nous disons les bénédictions et parfois nous faisons un brin de chapelet. Je dis dix « Je vous salue Marie » avec mes intentions de prière, puis chaque enfant en dit un avec ses propres intentions. Mais je préfère qu'ils privilégient la prière individuelle, c'est-à-dire leur relation personnelle avec le Christ. Ils ont d'ailleurs un petit coin prière dans leur chambre, avec une statue, une croix. Le soir, je leur dis : « N'oubliez pas de faire votre prière ! Avez-vous remercié Dieu ? Faites une petite prière avant de dormir ! » Je les motive, mais sans insister et bien entendu je ne vais pas vérifier.

J'ai demandé à mes enfants s'ils trouvaient que ma conversion m'avait transformé, humainement. Rivka dit que je suis moins stressé qu'avant. Elle trouve aussi que ma foi est plus grande. D'après elle, avant, mes prières étaient moins profondes, moins sincères. Déborah, elle, a été très touchée par le fait, qu'après ma conversion, je demandais pardon et je pardonnais. Je leur ai appris à demander pardon et à se pardonner les uns aux autres. Avant nous parlions du pardon, le jour de Kippour, mais ça n'était pas pareil. Pour Yossef, j'étais plus exigeant quand j'étais Juif religieux : je ne laissais rien passer. Maintenant, il me trouve toujours aussi attentif mais dans l'amour. Il dit aussi que je suis plus ouvert. Devenir chrétien, ce n'est pas vouloir devenir parfait, comme le veut un Juif orthodoxe. Je vis mes défauts, mes faiblesses en Dieu. Je suis capable aujourd'hui de me regarder tel que je suis. Cela me rend plus tendre avec les autres.

Moi aussi, je me sens changé. Maintenant je suis plus libre en Dieu, davantage en paix, plus naturel avec Dieu, même si je vis des épreuves plus difficiles que lorsque j'étais Juif pratiquant. Je suis plus confiant, et cette confiance, c'est Dieu qui me la donne. Avec les difficultés que j'ai rencontrées et dont je vais parler, j'ai vécu des heures atroces. Les enfants ont été étonnés de mon calme, de ma sérénité. Pour eux, il était clair que Jésus m'aidait. D'ailleurs, je tiens ici à remercier toutes les personnes qui ont prié pour moi et qui m'ont aidé d'une façon ou d'une autre lors de ces mois éprouvants. Je remercie notamment ma femme Pétronille qui m'a soutenu sans faillir.

Depuis ma conversion, je suis plus joyeux aussi, d'une joie intérieure. Je vis simplement en Sa présence, même quand je ne la ressens pas. Maintenant, j'ai envie d'aider les pauvres et je suis sensible aux souffrances de tous les peuples, pas seulement à celles du peuple juif. Je prie pour tout le monde, même pour des personnes avec qui je n'ai aucun lien affectif ou communautaire. J'ai un autre regard sur le monde, sur le « non-Juif » : cela est très important pour moi. Regardez Paul lorsqu'il est Saul, il n'a pas d'amies et d'amis non-Juifs. Lorsqu'il devient Paul, il en a ! C'est un changement radical.

« Seigneur, pardonne-leur parce qu'ils ne savent pas ce qu'ils font »

Ma conversion au Christ a causé bien des dégâts ! Lorsqu'il y a les grâces, il y a la croix. Nous le voyons dans la vie de Jésus : Il n'a pas été accepté par son propre peuple, c'est ce que dira saint Jean dans son Prologue. Dans le judaïsme, ce refus n'a pas changé. Les époques ont changé mais la mentalité juive sur ce point-là est restée la même. Je ne dis pas cela pour accuser mais pour témoigner. Je le dis en paix parce que je me sens bien, dans une paix intérieure. Je savais que je serais incompris et violemment repoussé. Tel a été le cas. J'ai reçu des lettres de menace, de chantage… Mes meilleurs amis m'ont laissé tomber du jour au lendemain, mes amis de trente ans ! Je n'existe plus pour eux. Je suis mort.

Mon cas n'est pas exceptionnel. Saint Paul, saint Pierre et tant d'autres sont passés par là ! Je connaissais l'histoire du rabbin Drach. Quand, en 1823, Paul Drach, gendre du grand rabbin, esprit brillant promis à une belle carrière dans le judaïsme, s'est converti au catholicisme, il a eu de sérieux ennuis ! Son beau-frère l'a chassé du domicile conjugal et sa femme a disparu avec leurs trois enfants. De tout temps, au sein du peuple juif, la conversion d'un Juif au christianisme a été jugée inacceptable et a suscité des réactions de violence. Sur ce point, il n'existe pas, selon moi, de différence entre le judaïsme et l'islam. Je ne dis pas cela pour jeter la pierre sur le judaïsme ou pour créer une hostilité. De toute façon, la haine du Juif converti existe. Je le dis parce que ça fait partie de mon témoignage. Ce que les enfants et moi-même nous avons vécu – les menaces, les violences, le non-regard ou le regard violent – nous a touchés au plus profond. Nous sommes des êtres humains, nous ne sommes pas insensibles.

Je demande ici à toute la communauté juive de France de respecter mon choix et de me laisser vivre en chrétien. J'en appelle pour cela à tous les responsables communautaires et rabbins qui sont déjà au courant ou qui vont l'être et je demande également qu'on laisse mes enfants tranquilles. Pour ma part, je n'ai aucune rancune, aucune violence ni amertume vis-à-vis de mes frères juifs de chair. Saint Paul ne disait-il pas : « Je souhaiterais d'être moi-même anathème, séparé du Seigneur, pour mes frères selon la chair » (Rom 9,3). Pour moi, ils restent toujours des frères. Ce n'est pas en devenant chrétien que j'oublie ce que je suis : un Juif converti au Christ. Je ne renie rien de ce que le judaïsme m'a donné et de ce que j'ai pu aussi lui apporter. Mais simplement, je continue à vivre autrement.

De la Torah à la Croix

Pour conclure, puisque j'ai vécu l'ancienne Alliance et maintenant la Nouvelle, j'aimerais donner des précisions sur les différences les plus sensibles qui existent entre le judaïsme et le christianisme. Comme je l'ai dit, il y a une continuité entre l'Ancien et le Nouveau Testament mais aussi une rupture.

La foi et la Loi

On me demande parfois ce qui distingue la foi juive de la foi chrétienne. Or on ne parle pas de foi juive car dans le judaïsme, ce qu'on met en pratique, c'est la Loi. Le régime chrétien, c'est la foi en Christ; le régime juif, c'est la Loi de Moïse. Cela ne veut pas dire qu'il n'y ait pas de foi chez les Juifs, bien sûr que si, mais elle est beaucoup moins mise en avant, car c'est la pratique de la Loi qui est essentielle.

Par ailleurs, dans le judaïsme, Dieu ne rencontre pas un homme mais un peuple. Cela peut sembler théorique mais ça change tout dans la vie quotidienne. Le judaïsme s'est construit autour de la notion de peuple et pas d'individu. Chez les Juifs, c'est le peuple qui est élu; chez les chrétiens, chaque homme et chaque femme est élu(e). Au mont Sinaï, Dieu s'adresse au peuple hébreu par l'intermédiaire de Moïse, mais il ne vient pas parler à chacun individuellement. Dieu s'adresse personnellement à Abraham, c'est vrai. Mais Abraham n'est pas le grand homme du judaïsme, beaucoup moins que pour les chrétiens. C'est Moïse, celui qui a transmis la Loi, le fondateur du judaïsme, la référence absolue. Le Christ, lui, va à la rencontre des personnes, une par une. Il interpelle chacun là où il est, et là où il en est dans sa vie : Simon-Pierre, la Samaritaine, Marie-Madeleine, Zachée, moi, vous. C'est suite à cette rencontre qu'ils ont envie de se mettre au service de la collectivité. Dans le christianisme, Dieu me regarde, et par ce regard, il me donne son amour, ses grâces. Ce regard miséricordieux me grandit, me rend meilleur. J'ai fait l'expérience qu'on ne peut aimer le nous, les autres, la communauté humaine universelle que lorsqu'on est en relation d'amour avec Dieu. Il est écrit dans le Talmud que la cause de la destruction du deuxième Temple et de la déportation des Juifs en dehors de la Terre sainte par les Romains vient de ce qu'il n'y avait pas d'amour entre eux. D'après certains rabbins, la construction du troisième Temple ne pourra se réaliser qu'à travers l'amour gratuit.

Certes, il est inscrit dans la Loi que les Juifs ont l'obligation d'aimer Dieu de tout leur cœur. On en parle, on l'écrit, on le lit, mais il est très difficile de le mettre en pratique concrètement puisque ce qui est important, c'est la Loi. Certes, on a le commandement d'aimer Dieu, mais peut-on commander à quelqu'un d'aimer ? On n'impose pas d'aimer. On invite à aimer en aimant. Et c'est en prenant conscience de l'amour de Dieu pour moi, dans les événements de ma vie, que j'ai envie de Lui être fidèle et de L'aimer. Je souhaite développer ce thème plus en profondeur dans d'autres livres.

La perfection ou la grâce

Quand j'étais Juif religieux, je ne croyais pas que Dieu m'aimait tel que j'étais. Maintenant que je suis chrétien, si ! Même si le chrétien doit essayer de s'améliorer, il ne compte pas sur ses forces humaines. L'effort du chrétien doit porter sur le temps qu'il consacre à Dieu dans l'oraison, cette prière silencieuse, ce face-à-face avec Dieu dans lequel il cherche à entrer en relation avec Lui. Car nous savons que c'est Sa grâce qui nous transforme, à condition que nous la laissions agir. Dans le judaïsme, si je puis dire, je ramais. C'était par mes propres forces et mon mérite, même si je croyais que Dieu m'aidait, que je pouvais devenir un juste. Le chrétien croit que Dieu travaille en lui. Son rôle, c'est de Le laisser faire et de se laisser faire. Je sais maintenant que notre volonté est faible ; notre volonté réside avant tout dans notre foi fidèle. Dans le judaïsme, je cherchais la perfection. Dans le Christ, je ne cherche pas la perfection. Comme Jésus l'a dit à Paul qui se plaignait de ses défauts : « Ma grâce te suffit, ma puissance se déploie dans ta faiblesse. » On n'a pas à s'inquiéter de ses imperfections mais à les accepter humblement en sachant que Dieu agit mystérieusement à travers elles. S'accepter tel que l'on est, avec ses défauts, ses blessures, ses faiblesses qui peuvent être une lourde croix à porter, et croire que Jésus-Dieu s'en sert pour ramener d'autres âmes à Lui, cela je ne l'ai jamais appris dans le judaïsme.

Et parce que c'est Jésus qui agit en nous, Jésus peut se révéler à qui il veut, même à des tout-petits, comme à Marguerite-Marie ou à Marthe Robin, qui n'avait rien d'extraordinaire, qui était simple et qui a reçu dans la chambre où elle était alitée des centaines de milliers de personnes. Il s'adresse aussi à des grands pécheurs comme Augustin, François d'Assise, Ignace de Loyola, Charles de Foucauld. Dans le judaïsme, pour que Dieu se révèle à un homme, il doit être pur, sage, formé à la mystique, scrupuleux dans l'application des lois. Rappelez-vous le mot condescendant des pharisiens et du grand-prêtre à Jésus : « N'es-tu pas le fils du charpentier ? »

Certes, la Bible raconte que Dieu guérit une veuve étrangère et un dignitaire perse. Mais les Juifs en furent scandalisés. Je me répète, mais c'est essentiel, dans le judaïsme, on ne croit pas que Dieu puisse parler à chaque personne. Dans l'Église oui, Dieu peut me parler réellement pendant l'oraison. Même si, bien sûr, les paroles que j'entends doivent être vérifiées. Les grands saints comme Thérèse d'Avila ont bien parlé de cela. Le Pape Benoît XVI a dit, une fois, pendant l'Avent : « Le Seigneur nous embrasse tous dans son amour qui sauve et console. » Je n'ai jamais entendu un grand rabbin parler ainsi. Et pourtant, je ne suis pas un grand affectif, et Benoît XVI encore moins.

Pour Dieu ou en Dieu

« Je ne vous appelle plus serviteurs, maintenant je vous appelle mes amis », dit Jésus à ses apôtres avant de mourir. Voilà la différence dont j'ai fait l'expérience. Jésus-Dieu nous appelle tous à une amitié avec lui.

Et moi aujourd'hui, maintenant que je suis chrétien, je peux vivre cette amitié profonde avec Lui bien que je sois pécheur. Plus encore, comme dit Paul, Jésus est notre grand frère. Dieu est notre frère ! Cela est impensable dans le judaïsme selon lequel, tous les soirs, nous sommes jugés lorsque nous dormons. Notre âme est jugée par Dieu et si la balance bascule du bon côté alors nous pouvons continuer à vivre pour accumuler des points en pratiquant la Loi. Il n'y a pas de relation d'intimité et d'amitié avec Dieu au quotidien quand on est Juif, sauf pour quelques grands justes dont nous parlent les livres saints. Alors que Jésus nous appelle *tous* à participer à sa vie divine, à vivre en Lui comme il vit en nous, à changer ma vie naturelle en vie surnaturelle, à la diviniser par mon lien à Dieu : c'est fou tout de même ! « Dieu s'est fait homme pour que l'homme devienne Dieu », écrivaient saint Irénée au IIe siècle et saint Athanase au IVe siècle. De même que le pain consacré est Son Corps, de même quand nous mangeons l'hostie consacrée, nous devenons son Corps. Dieu nous invite à devenir « participants de la nature divine », comme dit saint Pierre dans sa seconde lettre. Dans le judaïsme, c'est différent : je fais des actes pour Dieu. Mais je ne participe pas *réellement* à sa vie divine. Jésus a dit : « Demeurez en moi et moi je demeure en vous ». L'essentiel est cette relation à Dieu.

Le Grand pardon ou le pardon quotidien

Mes enfants m'ont fait remarquer que j'étais plus enclin à pardonner maintenant. Il est entendu que le pardon existe dans le judaïsme. Mais il ne se vit complètement que dans le Christ qui nous demande de pardonner soixante-dix fois sept fois la même offense faite par la même personne ! C'est-à-dire que je dois essayer de pardonner inlassablement à quelqu'un qui me ferait du tort tous les jours. Mais je ne peux pas pardonner par mes propres forces. Certaines choses sont humainement impardonnables. Comme le rapporte saint Jean, Jésus a dit : « Sans moi, vous ne pouvez rien faire. » Voilà encore une grande différence avec le judaïsme : en tant que chrétien, si j'arrive à pardonner, je n'en tire aucun orgueil, je sais que ça ne vient pas de moi, j'y ai mis de la bonne volonté mais c'est la grâce de Dieu en moi qui agit. Cela nous vient de Jésus qui dit sur la croix : « Père, pardonne-leur car ils ne savent pas ce qu'ils font. » Lorsqu'on expérimente le pardon de Dieu sur soi à travers la confession, on comprend beaucoup de choses, et on entre dans une logique de miséricorde envers les autres.

Une fois par an, les Juifs demandent pardon à Yom Kippour pour toute l'année. Par exemple, j'envoyais ou recevais un texto de quelqu'un qui me demandait pardon pour une crasse qu'il m'avait faite. Mais durant l'année, il ne se passait rien dans l'ordre du pardon. Demander pardon ou pardonner une fois l'an ne suffit plus. Jésus nous emmène plus loin ! Pardonner, c'est une façon de vivre au jour le jour. Avant de venir me voir, dit Jésus, à la messe par exemple, si tu as un conflit avec ton frère, va le trouver et reviens me voir ensuite. Jésus nous demande d'aller jusqu'à pardonner à nos ennemis et d'aimer ces ennemis. Cette idée est tout à fait étrangère au judaïsme. On hait ses ennemis. Bien sûr, c'est humainement impossible d'aimer ses ennemis, mais Dieu en moi me permet de vouloir leur bien, de leur pardonner – ce qui ne nous empêche pas d'affirmer nos idées et de combattre pour elles.

Je n'ai jamais eu de mal à me confesser, grâce à Dieu, bien que cette pratique me fût étrangère. Le prêtre ne me juge pas, il me donne le pardon de Dieu. «Je ne suis pas venu pour condamner le monde mais pour le sauver», a dit Jésus. C'est merveilleux, on peut se confesser à n'importe quel prêtre, on peut tout dire et on est pardonné. Je n'avais jamais pu parler de mon intimité avec un rabbin. C'est très important de pouvoir se livrer, en toute confiance, pour marcher avec Dieu et en Dieu, avec son humanité pécheresse. Le regard du rabbin et celui du prêtre sont totalement différents. Les Juifs ne se livrent pas à cœur ouvert au rabbin de peur d'être jugés par la communauté.

Persécutions

Je sais que bien des chrétiens ou des personnes qui portaient le nom de chrétien ont fait du mal au peuple juif, voulant les convertir de force en les mençant de mort. Et la démarche de repentance de Jean Paul II a été formidable et exemplaire. Bien sûr, il y a des gens d'Église qui se sont mal comportés mais combien aussi ont fait de belles choses pour les Juifs de France. Il suffit d'aller à Jérusalem à Yad Vaschem pour le voir. Le commissaire de police qui a sauvé la famille de ma mère était un *goy*. Et comment les Juifs américains se sont-ils comportés pendant la guerre envers leurs frères Juifs européens? Je ne veux pas faire de polémique mais il faut que les relations entre Juifs et chrétiens soient fondés sur la liberté de parole et la vérité.

Et je ne peux non plus ignorer les souffrances de mes premiers frères juifs convertis au Christ qui ont vécu le martyre de la part de leurs propres frères juifs. Je n'ai pas à les juger, je ne suis pas Dieu. J'ai à pardonner. Mais regardez, de nos jours, les Juifs israéliens convertis au Christ sont obligés de se cacher, et pourtant Israël est une société démocratique. Comme je l'ai déjà dit, aujourd'hui encore, les Juifs prient une dix-neuvième bénédiction qui a été ajoutée à la prière principale des dix-huit bénédictions. Et cette prière est en fait une malédiction prononcée sur les Juifs convertis au Christ. Au XXIe siècle, des juifs maudissent encore trois fois par jour les Juifs devenus chrétiens, et je ne devrais pas le dire ? Non, je n'ai pas honte de ma conversion. On voudrait me culpabiliser parce que j'ai renié mon peuple mais je ne renie rien ni personne. Je sais très bien d'ailleurs que si demain se levait un autre Hitler je devrais me cacher, car Juif converti ou non, je serais pourchassé.

La communauté ou le monde

Les « Mère Teresa » n'existent pas dans le judaïsme. Dans le christianisme, la notion de service est centrale. Chaque chrétien doit être serviteur comme Jésus en a donné l'exemple en lavant les pieds de ses disciples, la veille de sa mort. Dans le judaïsme orthodoxe, on ne trouve pas de femmes ni d'hommes qui partent dans des bidonvilles prendre soin de toute personne, sans distinction de religion, simplement pour apporter gratuitement amour, compassion, réconfort. Parce que l'accent est mis davantage sur la relation à la Loi que sur la relation de personne à personne. Malgré sa noblesse et son érudition, saint Paul dit qu'il s'est fait serviteur pour tous et pour le Christ. Alors qu'il aurait pu bénéficier de tant d'honneur en restant Juif. Je n'ai jamais entendu un rabbin me dire de me faire serviteur de mon frère. Cela ne veut pas dire qu'il n'y ait pas d'entraide chez les Juifs. Mais Jésus nous demande plus que d'aider celui qui nous est proche et que nous aimons. Les païens aussi s'entraident entre personnes de même famille ou de même clan.

L'homme ne peut vivre sans amour. Sa vie est privée de sens s'il ne reçoit pas la révélation de l'amour, s'il ne rencontre pas l'amour de Dieu pour lui. Dans le judaïsme ultra-orthodoxe, je n'ai pas fait l'expérience de ce regard d'amour. C'est vrai que les Juifs essaient d'appliquer le commandement : « Tu aimeras ton Dieu. » Mais puisque l'accent n'est pas mis sur une relation personnelle d'amour avec Dieu, ce commandement ne peut se vivre concrètement.

En devenant chrétien, j'ai appris à aimer l'autre, l'autre en tant que tel et pas seulement parce qu'il est membre de ma communauté. Cela a été une révolution, une nouvelle naissance intérieure, cela m'a donné un regard neuf, un cœur neuf, des sentiments neufs. Aujourd'hui je suis sensible aux événements du monde, à tous les événements et pas seulement à ceux qui touchent le monde juif, et je prie de tout mon cœur pour le monde. Je prie lorsqu'il y a des êtres humains qui souffrent de par le monde. Cette attitude, je ne l'ai jamais eu en tant que Juif. On ne m'a pas éduqué ainsi. Il n'y en avait que pour le peuple juif et Israël. Même si de temps à autre, on prie pour le pays dans lequel on habite ou les gens qui nous gouvernent.

Mais faire une prière spontanée en famille pour des êtres humains qui souffrent, cela ne se pratique pas. J'ai maintenant cette grâce d'aimer tout le monde, sans sélection. Or dans le judaïsme, on apprend à aimer les Juifs mais à considérer que les autres nous veulent du mal. Je regrette de devoir le dire, mais c'est ce que j'ai vécu.

Quelle religion dit qu'il faut aimer ses ennemis, quelle religion dit que Dieu, parce qu'il m'aime, souffre pour moi, comme une mère ? Le Christ m'enseigne d'aimer les pécheurs, pas le judaïsme, même si, c'est vrai, certains Juifs aujourd'hui vont tenter de ramener à Dieu leurs frères juifs mécréants. Pour aimer tout être humain, on a besoin de la Grâce de Dieu, sinon, c'est impossible ! Ma conversion a changé le regard que je porte sur les hommes. Pour le dire autrement, quand j'étais Juif pratiquant, Dieu était loi et la Loi sépare le pur et l'impur, les purs et les impurs. Le Dieu révélé par le Christ est amour et l'amour accueille l'autre comme il est.

Pour Saul, Dieu n'entend que les prières des Juifs ; pour Paul, Dieu est là pour tous et entend tout le monde. Une barrière, une forme de protectionnisme sont tombées. Je vis la même chose que Paul. Il faut prier pour les enfants juifs qui sont morts dans l'atroce tuerie de Toulouse en mars 2012, et je prie pour eux, mes frères, et leur famille, mais aussi pour les trois filles roms fauchées sur l'autoroute ce jour-là, et pour les femmes et les enfants qui ont perdu leur père militaire les jours précédents. Je prie pour que mes frères de chair ouvrent les yeux sur les souffrances du monde et pas seulement sur les souffrances des Juifs. Jésus a enlevé le mur de la haine entre Juifs et païens, Paul nous l'a dit. Nous chrétiens devons être au-dessus de la mêlée, car nous ne sommes plus du monde. Nous devons porter le message d'amour et prier pour tous sans distinction de race, de condition, de religion.

Prière codifiée ou prière spontanée

Dans le christianisme, chacun peut vivre le silence intérieur avec Dieu et en Dieu, pendant une messe ou une retraite, ou dans le secret de sa chambre. Dans le judaïsme, je n'ai jamais entendu parler d'une relation personnelle à Dieu dans le silence intérieur. On nous parle de Dieu, à travers la théologie, l'exégèse des textes. Mais on étudie Dieu comme un objet de science. Certains chrétiens d'ailleurs peuvent tomber dans le même travers. Pour que la Parole de Dieu nous transforme, et elle peut nous transformer, *réellement*, il faut entretenir un rapport moins intellectuel, plus vital, amoureux je dirais, avec elle. On doit prendre conscience que cette parole donne vie, qu'elle me nourrit au sens fort, comme un aliment de l'âme. Mais cela ne peut se réaliser que si on laisse la grâce nous travailler dans le silence. La prière juive est différente de cette oraison silencieuse à laquelle le Christ nous invite. Ce n'est pas la compréhension d'un thème dans un texte qui me fait grandir dans l'amour d'autrui ou de Dieu. Être seulement une tête en théologie ne fait pas grandir dans l'amour. La théologie est au service de la contemplation. L'exemple de saint Thomas d'Aquin en ce domaine est magnifique.

Est-il plus facile d'être Juif ou chrétien ?

Beaucoup de Juifs pensent que j'ai cherché la facilité en devenant chrétien. Ils pensent que j'ai craqué parce que c'était trop dur d'élever seul six enfants, ou parce que j'étais fragile psychologiquement et que j'avais besoin de respirer, d'aller voir ailleurs. À cause des manifestations surnaturelles que j'ai vécues, ils disent que tout cela sort de mon imagination. Mais je garde bien les pieds sur terre, je ne suis pas sur un nuage, je continue à souffrir et à vivre des épreuves et un combat spirituel intense comme chaque chrétien par rapport à la foi. Franchement, au regard des ennuis que j'ai eus à cause de ma conversion qui m'a coupé de ma communauté, de mes racines, et vu comment l'Église est considérée aujourd'hui, je n'ai pas choisi la facilité. Il me semble que Pierre, Jean, Étienne ou Paul n'ont pas choisi la facilité en suivant le Christ après sa mort !

Ici, je dois reconnaître que j'ai la nostalgie d'une forme de vie communautaire. Pas le communautarisme qui enferme et exclut, mais la communauté de vie qui réchauffe, enracine, enseigne, nourrit et envoie ses membres vers le monde. Dans les paroisses que j'ai connues, je n'ai pas trouvé cette vie communautaire. Je sais qu'elle existe en certains endroits mais trop rarement. À la fin de la prière à la synagogue, il y a un apéritif par exemple. Or un chrétien seul est un chrétien en danger. Cela ne suffit pas d'avoir une famille. Les adolescents surtout ont besoin de cette famille élargie qu'est une communauté fraternelle. De l'extérieur, les lois juives paraissent contraignantes. Mais la vie chrétienne, si nous voulons la vivre jusqu'au bout, est plus crucifiante encore, plus exigeante humainement, car l'amour demande un dépassement continuel de soi, il engage tout l'être, ce que n'exige pas la pratique de la Loi.

Lorsqu'on est chrétien et qu'on vit un gouffre sur le plan de l'âme humaine, l'angoisse, un sentiment de néant, on a l'impression d'être dans le vide. On n'a rien à quoi se rattacher, si ce n'est à Dieu Jésus. Mais dans ces moments-là évidemment, on ne Le sent pas. Un Juif, lui, se raccroche toujours à la pratique de la Loi qui rythme chaque heure de sa journée, comme les barreaux d'une échelle. Le chrétien n'a pas d'échelle : il n'a que les bras de Jésus qui l'élève comme un ascenseur, pour reprendre la métaphore de sainte Thérèse de l'Enfant Jésus. Tout mon rapport à Dieu passait par la pratique de la Loi. Maintenant que je suis chrétien, j'ai une relation personnelle à Dieu. Mais lorsque pour telle ou telle raison, cette relation est voilée, quand je ne ressens plus la présence de Dieu, je n'ai plus rien à quoi me raccrocher de sensible, de concret, comme à cette minutieuse pratique quotidienne juive. Être chrétien m'a permis de me retrouver face à moi-même, de me regarder tel que je suis, bien faible. Il n'y a que moi et Lui. Dans le judaïsme, la Loi s'interpose. On n'est jamais face à soi-même dans sa nudité, sa pauvreté. On est face à la Loi, pas face à soi, à la Loi qu'on applique et qui risque de nous rendre très orgueilleux parce qu'on se croit meilleur que les autres.

Toute la relation du chrétien à Dieu est fondée sur la tendresse et l'amour. Lorsqu'humainement il ne ressent plus l'amour ou la tendresse de Dieu, et ça arrive souvent – regardez mère Teresa, cinquante ans de nuit intérieure – il n'a rien à quoi se rattacher qu'à un acte de volonté dans la foi au Dieu Amour. Alors que le Juif s'attache à la Loi. C'est plus dur d'être chrétien que d'être Juif, parce que c'est plus dur d'aimer que de suivre une Loi.

Depuis que je suis chrétien, je suis aussi plus exposé au danger parce que la barrière de la Loi et le ghetto de la communauté ne me protègent plus des tentations. Avant je vivais dans une bulle. Le Juif a des tentations bien sûr mais comme il vit dans un ghetto, il en a moins. On ne noue pas réellement de lien d'amitié avec les *goys* parce qu'on considère qu'ils sont impurs. On s'en garde. Et puis on est protégé par la communauté : le regard de la communauté sur chacun de ses membres est très fort. On se sait surveillé. Comme un enfant par ses parents. Quand on devient chrétien, c'est comme si on devenait adulte. On n'a plus personne pour nous dire : fais ci, fais ça, fais pas ci, fais pas ça, et pour nous condamner si on fait mal. C'est pour cela que c'est bien plus dur d'être chrétien : on est libre !

Un Juif peut vivre en France comme un étranger intérieurement, il n'est pas impliqué dans ce qui se passe autour de lui. Il ne se laisse pas atteindre, ni remettre en question par ce qui vient du dehors de la communauté. La Loi et la communauté forment une carapace invisible autour de lui et le protègent de tout ce qui est impur. Il est beaucoup moins exposé aux tentations extérieures. Mais du coup, on ne grandit pas dans l'humilité. C'est peut-être pour cela que le Juif pratiquant est parfois arrogant. Mais ça arrive aussi à des chrétiens qui ne s'appuient que sur leurs propres forces, ou à ceux qui ont reçu de grandes grâces et qui oublient que leurs dons leur viennent de Dieu ! Des catholiques peuvent se comporter comme des Juifs dans l'application de la loi morale. Pourtant saint Paul nous l'a dit et je le répète : « Ma grâce se déploie dans ta faiblesse. » Dieu se sert mystérieusement de nos faiblesses et de nos défauts.

Dieu de Moïse et Dieu de Jésus

On a tendance à croire que le Dieu des Juifs est le même que le Dieu des chrétiens. Oui bien sûr, et non pas du tout : cela dépend de quel point de vue on se place. Un Dieu trinitaire n'est pas concevable dans le judaïsme, ni un Dieu qui me rejoint dans mon humanité pécheresse, ni un Dieu qui se fait homme et dit qu'Il est venu non pas pour être servi mais pour servir, ni un Dieu qui meurt d'amour pour moi, ni un Dieu qui ne juge pas mais qui sauve. « Je ne suis pas venu pour juger le monde mais pour le sauver » : je radote, mais cette phrase de Jésus n'est pas concevable pour un Juif orthodoxe. Ni un Dieu qui m'aime et me prend tel que je suis avec mes manquements, mes tentations, mes failles, mes rechutes. Ni un Dieu qui respecte mon choix et ne s'impose pas à moi.

L'idée d'un Dieu qui m'a aimé le premier avant que j'aie fait quoi que ce soit pour Lui n'est pas familière aux Juifs, même s'Il s'est révélé par endroit dans la Bible. Dans le judaïsme, pour que Dieu m'aime, je dois appliquer à la lettre la Loi et plus je pratique la Loi plus je suis aimé de Dieu. C'est donnant donnant. D'ailleurs il y a des chrétiens qui en sont restés à cette idée-là. Ils n'ont pas intégré la bonne nouvelle de Jésus que Dieu nous aime paternellement. Avec le Dieu chrétien, j'ai découvert un autre Dieu, un Dieu qui m'aime pour ce que je suis, ce qui n'exclut pas bien sûr que je mène une vie morale puisque les règles morales sont l'école de l'amour. C'est tout le sens du « Aime et fais ce que tu veux » de saint Augustin. Une fois qu'on vit dans l'amour, on n'a plus besoin d'appliquer des lois extérieures, on les a intégrées. Ainsi, aller à la messe n'est plus une obligation mais une nécessité vitale qui découle de l'amour.

Comme a dit saint Paul, je m'enorgueillis de mes faiblesses car je sais que Dieu agit dans mes imperfections. Il n'a pas besoin que je sois parfait pour agir en moi, me transformer, corps, âme et esprit, par son amour. On a du mal à comprendre cela parce qu'on a été éduqué, même à l'école laïque, au mérite. J'insiste sur ce point pour qu'on comprenne bien la fine pointe de la révolution qu'a apportée le Christ, mais je ne veux pas opposer judaïsme et christianisme car Jésus ne l'a jamais fait. Jésus s'est opposé au comportement légaliste. Comme je le disais tout à l'heure, il me semble que le christianisme est au judaïsme ce qu'est un fils pour sa mère. Il restera toujours le fils de sa mère et l'honorera, mais pour qu'il puisse vivre, il doit s'en séparer. Alors seulement, le fils apporte quelque chose de neuf.

Même si mes frères juifs me disent que je me suis fourvoyé, je préfère ma vie nouvelle à l'ancienne, qui était plus rassurante mais moins vraie. Depuis que je suis baptisé, l'Esprit Saint a produit en moi ses fruits : amour, joie, paix, bienveillance, foi, liberté. J'ai vécu des épreuves et j'en vivrai d'autres. Je sais que je continuerai à pécher, cela fait partie de la condition humaine, mais je sais aussi que notre Dieu si paternel sera toujours là pour me relever, me pardonner et m'aimer. L'essentiel est là. J'aimerais vous livrer en conclusion une prière de mon grand frère saint Paul, lui qui a été embrasé par Jésus et qui lui a dit oui, renonçant à ses certitudes et à son statut social enviable. Je fais mienne cette prière qui nous invite à croire que Dieu peut réaliser en nous infiniment plus que ce que nous pouvons imaginer. Il veut nous donner infiniment plus que ce que nous demandons :

« *Je fléchis les genoux devant le Père, qui est la source de toute paternité au ciel et sur la terre. Lui qui est si riche en gloire, qu'il vous donne la puissance par son Esprit pour rendre fort l'homme intérieur. Que le Christ habite en vos cœurs par la foi ; restez enracinés dans l'amour, établis dans l'amour. Ainsi vous serez capables de comprendre avec tous les fidèles quelle est la largeur, la longueur, la hauteur, la profondeur… Vous connaîtrez l'amour du Christ qui surpasse tout ce qu'on peut connaître. Ainsi vous serez comblés jusqu'à entrer dans la plénitude de Dieu. Gloire à celui qui a le pouvoir de réaliser en nous par sa puissance infiniment plus que nous ne pouvons demander ou même imaginer, gloire à lui dans l'Église et le Christ Jésus. Amen* » (Lettres aux Éphésiens, chapitre 3, versets 14-21).

Méditations inspirées de saint Jean de la Croix

Ô Jésus, ô mon Jésus, ô mon Dieu,
Comme je te l'ai dit, ô mon Jésus, mon amour sera total, en plénitude,
Non seulement lorsque mon âme quittera mon corps et mon vieil homme,
Mais plus encore lorsque, par la grâce de ta résurrection,
Je ressusciterai par Toi et en Toi !
Et pourtant, ô Jésus, comme tu es bon,
Comme ta bonté est infinie,
Car cet amour imparfait que je te donne,
Cette relation imparfaite vu ma condition humaine,
Te rafraîchit !
Elle est une joie pour Toi !
C'est fou ô mon Dieu !
Je t'ai blessé et je te rafraîchis !
Cet amour que je te montre dans ma contemplation, dans mon adoration,
Mais aussi dans ma journée, dans mes activités quotidiennes, te blesse,

Te blesse d'amour pour moi.
Ainsi, ô Jésus, voilà notre croix mutuelle :
Moi je suis blessé d'amour pour Toi
Et Toi tu es blessé d'amour pour moi !
Amen

Ton bois qui est cette croix glorieuse,
Ce trône divin,
Cette puissance divine avec ses attraits que sont l'Amour,
le Pardon,
la Grâce,
la Sagesse,
la Réconciliation,
le Rachat.
De même que tous les arbres ont leur vie et leurs racines dans le bois
Et que l'homme est un arbre des champs,
De même, ô Jésus, j'ai ma vie en toi et mes racines en toi,
À partir de ce bois de la croix.

Je baise avec tendresse et joie la Croix, Ton trône, d'où tu as vu, en pleine agonie, ce qui se passe en moi, de cette Croix, d'où jaillit le pardon, l'amour gratuit, la liberté. Seigneur divin ! Je T'aime à la folie, Jésus, parce que Tu es Jésus !

En contemplant la Croix du Christ, puissions-nous entendre Jésus lui-même nous murmurer au fond de notre cœur : « Je t'aime, je t'aime mon frère, je t'aime ma sœur, je t'aime infiniment. Tu vaux mieux que le mal que tu as fait. N'aie pas peur, je suis là, ma Croix te protège. Relève-toi, et, regarde-moi sur ma Croix, fixe-moi sur ma Croix, contemple-moi sur ma Croix, vénère-moi, adore-moi. Je me donne à toi, prends-moi. Prends-moi et marche à l'ombre de ma Croix. »

En te regardant sur ta Croix, ô mon Dieu et mon Sauveur Jésus, puis-je découvrir ta confiance, puis-je accepter de te découvrir et de te reconnaître comme celui qui seul peut nous sauver et faire de notre vie quelque chose de grand et de beau.

Puissions-nous nous laisser saisir par ton Amour ! Et si chacun de nous accepte de prendre régulièrement quelques instants pour contempler la Croix du Christ, mystère d'amour, mystère de salut, je suis sûr que notre vie en serait transformée, car chacun sentirait alors que Jésus le regarde, Jésus l'enveloppe et Jésus l'accompagne de tendresse, de miséricorde et d'amour.

Repères biographiques

10 juin 1964, naissance à Paris
1969 (5 ans), déménagement à la Courneuve.
1972 (8 ans), en Bretagne attirance du crucifix, Jésus mon meilleur ami.
1976 (12 ans), escapade au Sacré-Cœur de Montmartre puis « première communion ».
1979 (15 ans), je prends la décision de me convertir.
1982 (18 ans), je pars en Israël, en Terre sainte.
1987 (23 ans), Juif ultra-orthodoxe, formation rabbinique.
1989 (25 ans), retour en France.
1990 (26 ans), premier mariage puis retour en Terre sainte avec ma femme (18 mois).
1994 (30 ans), retour en France. Mon premier enfant, une fille !
Juillet 2002, décès de maman.
Décembre 2002, ma première femme tombe malade.
11 mars 2004, décès de ma première femme.
2007 (43 ans), Lustiger me fait signe.
2008 (44 ans), coup de grâce, l'illumination.
14 septembre 2008, baptême.
2009 (45 ans), mariage avec Pétronille.
3 janvier 2012 (48 ans), naissance de Nathanaël.

Remerciements

Je souhaite remercier des personnes de l'Église, prêtres et laïcs, qui m'ont dès le début et chacun à sa façon soutenu par la prière, par des conseils, en me faisant confiance, en me donnant une chance pour enseigner. Et je demande déjà pardon à ceux dont les noms m'échappent…

Merci de tout cœur :

au cardinal Georges Cottier, o.p.,

au frère Y., carme,

au Père Pierre Fricot, serviteur de la parole et à Sœur Claire Pattier,

à Monseigneur Michel Aupetit,

au Père Christian Lancray-Javal,

au Père Patrick Faure,

au Père Pierre-Henri Montagne,

à Monseigneur Dominque Rey,

à Monseigneur Albert-Marie de Monléon,

au Père Jean-Pierre Gay,

au Père Jean-Pierre Billard,

au Père Charles Troesch,

au Père Michel Bernard,

au Père Marie-Michel (Carmel de Marie, Vierge missionnaire),

au Père Daniel Ange (Jeunesse Lumière),
au Père Benoît Domergue,
à l'Abbé Chouanard,
au Père Emmanuel Dumont,
au Père Vincent Bedon,
au Père Aguila avec sa fraternité Jean-Paul II à Fréjus,
au Père Alain Bandelier (Foyer de Charité),
à l'Abbé Loiseau,
au Frère Marie-Angel,
à Monsieur le professeur André Clément,
aux petites sœurs de Bethléem et aux laïcs de Bethléem,
aux petites sœurs de la Consolation de Draguignan,
aux petites sœurs bénédictines d'Argentan,
aux Sœurs de l'Annonciade,
au foyer de Charité de Courset,
aux frères et sœurs de la Communauté de Saint Jean,
à Thierry et Anne Lefer,
à Marie-Thérèse Huguet,
à Catherine et Thierry Useldinger,
à Marie et Jean-Baptiste Maillard,
à Marie-Noëlle et Francois Fihol,
à Dorothée et Claude Ribeyre,
à Nathalie et Arnaud Bouthéon,
à Juliette Poulon,
à Sylvia Fenech,
à Annie Tardos,
à Myriam Fourchaud,
à la communauté de l'Emmanuel et plus particulièrement à

Agnès et Jean de Chillaz,
Inès et Laurent Mortreuil,
Corinne et Gilles de Craecker,
et tous les autres bien sûr…

et bien sûr à mon très cher Évêque, frère et Père Monseigneur Michel Santier.

N'hésitez pas à me contacter si vous souhaitez réagir ou rentrer en contact avec moi, je serai très heureux de pouvoir répondre à vos questions :

delakippaalacroix@gmail.com

Table des Matières

Cet ouvrage a été composé
par Atlant'Communication
au Bernard (Vendée).

Achevé d'imprimer en France
en avril 2013
sur les presses de
Corlet Imprimeur S.A.

Imprimé en France
Dépôt légal : février 2013
N° d'imprimeur : 155126